Jacques THOMAS

LES MALADIES PSYCHOSOMATIQUES

De la tête au corps, les chemins de la guérison

MARABOUT

Des maux pour le dire

« C'est un fait qui ne sera consigné par aucun historien : les années qui ont suivi l'invasion russe ont été une période d'enterrements ; jamais les décès n'ont atteint une telle fréquence. Et je ne parle pas seulement des cas (somme toute assez rares) où des gens ont été traqués à mort comme l'a été Jan Prochazka. Quinze jours après que la radio eut commencé à diffuser quotidiennement l'enregistrement de ses conversations privées, il fut hospitalisé. Le cancer qui sommeillait sans doute discrètement dans son corps depuis quelque temps, avait fleuri comme une rose. »

Cette citation, extraite de *l'Insoutenable légèreté de l'être* de Milan Kundera, illustre parfaitement l'alchimie subtile qui lie le corps et l'esprit et nous démontre une fois de plus que la maladie — mortelle dans le cas présent — peut être l'écho d'un état d'angoisse ou de détresse morale. En clair, un choc psychologique (deuil, divorce mal vécu, naufrage sentimental, conflit irrésolu…) est à même d'effondrer nos défenses naturelles et de déclencher une affection. « Le psychisme boit et l'organisme trinque », selon la fameuse expression du professeur Raymond Vilain.

C'est vrai : l'esprit est chevillé au corps et lui transmet souvent ses malaises ou ses souffrances. Des exemples : une contrariété ? c'est une dartre qui surgit sur vos pommettes. Une rage ou une colère mal réprimée ? c'est une migraine qui vous vrille soudain les tempes. Un chef de service despotique ? c'est une colite chronique qui finit par s'installer chez son subordonné (c'est bien connu, l'abdomen est la caisse de résonance de l'âme !). Bien évidemment, le chômage contemporain amène lui aussi un cortège de troubles : à l'annonce de la fermeture des usines de Longwy par exemple, les médecins ont enregistré dix-sept cas de maladies asthmatiques parmi les ouvriers.

Cela dit, même un simple trac peut agir sur le physique : ainsi, à chaque « première », le comédien Louis Jouvet — l'inoubliable interprète de « Knock », — faisait une irrépressible poussée d'eczéma. Au chapitre anxiété, citons encore le trac de l'étudiante qui voit ses règles cesser la veille d'un examen. Ce phénomène baptisé « aménorrhée psychogène » frappait jadis bien des jeunes filles rentrant au couvent. Cette aménorrhée claustrale touche encore les femmes incarcérées, le choc émotionnel de l'emprisonnement affolant certaines zones du cerveau et par là même le processus hormonal. D'où une réaction en chaîne : pas de modification de la muqueuse utérine, pas de desquamation, pas de règles.

L'empreinte du psychisme sur le corps prend parfois d'étranges détours : c'est le sujet sensible au mal de mer qui se trouve submergé de nausées à la simple vue d'un reportage télévisé sur la « Route du rhum » ou la « Transat »… C'est l'étudiant en médecine qui se gratte furieusement à la lecture d'un document sur les prurits et démangeaisons. C'est encore l'émotion suscitée par la vue d'une belle fille qui déclenche le phénomène de « mydriase » ou dilatation de la pupille (d'où les expressions « avoir l'œil allumé » ou « le regard illuminé de désir »).

Même le banal rhumatisme n'échappe pas à l'influence du psychisme : une expérience menée sur une soixantaine de rhumatisants a révélé qu'à la simple évocation de leur maladie, ceux-ci voyaient leurs douleurs se réveiller. Les muscles se contractaient, se crispaient sensiblement. Il suffisait alors de changer de sujet de conversation pour voir le mal et les crispations s'évanouir.

Dans un autre domaine, citons encore les fameuses grossesses nerveuses de Marie Tudor, reine d'Écosse et fille d'Henry VIII. Son désir d'enfant était si fort, qu'elle présentait épisodiquement les mêmes symptômes qu'une femme enceinte. Ces phénomènes frappent souvent, il est vrai, les épouses de princes ou de rois, anxieuses de donner un héritier à leur mari et d'assurer ainsi une descendance au souverain. Ces grossesses fantasmatiques surgissent aussi dans les populations maghrébines où la fertilité de l'épouse est pratiquement une condition du lien conjugal. Le corps peut alors donner tous les signes extérieurs de la grossesse : prise de poids, nausées, vomissements matinaux, seins gonflés, aréole pigmentée, ventre en forme de besace…

Des maux et des mots

Cette influence du moral sur le physique a toujours été pressentie et verbalisée par la sagesse populaire. Ne dit-on pas qu'on se « ronge les sangs », qu'Untel nous « donne des boutons » ou « nous fait suer », qu'une personne « se fait de la bile », etc. ? Fait étonnant : ces locutions populaires trouvent aujourd'hui une parfaite assise scientifique grâce aux travaux des biochimistes.

Un exemple : « se faire du mauvais sang ». On sait désormais que l'angoisse, l'anxiété ou autres situations stressantes amènent une libération d'adrénaline et de catécholamines dans les vaisseaux sanguins, avec pour effet d'augmenter la coagulabilité du sang. Or, ce phénomène insidieux peut être à l'origine de thromboses, c'est-à-dire d'obturations d'un vaisseau par un caillot. C'est l'infarctus ou l'accident cérébral… L'expression « mauvais sang » se justifie donc pleinement.

Autre exemple : « avoir une boule dans la gorge » ou à l'estomac (dont rend compte l'expression « ça ne passe pas »). On sait là encore que le stress amène dans l'organisme un flot de substances chimiques, baptisées neurotransmetteurs, qui contractent les fibres musculaires lisses du tube digestif, pouvant alors déclencher un spasme de l'œsophage.

Quant à l'expression « se faire des cheveux blancs », elle est bien sûr synonyme de « se faire du souci ». Le blanchissement prématuré (ou « canitie précoce ») peut ainsi surgir en cas de coup dur ou de forte frayeur. L'exemple type est celui de Marie-Antoinette qui, dit-on, passa du blond au gris l'avant-veille de son exécution. On aurait également observé une canitie aiguë chez un Cipaye révolté[1] que l'on avait attaché à la bouche d'un canon dans le but de le terroriser. Le docteur Mac Neil-Love, lui, rapporte qu'un homme vit ses cheveux blanchir en l'espace d'une seule nuit après un bombardement de V2 !

« Avoir le cœur gros » correspond aussi à une réalité physique (l'émotion, réduisant la fréquence cardiaque et augmentant parallèlement la stase veineuse, donne ainsi cette impression de cœur lourd).

« Mourir de chagrin » n'est pas non plus une expression sans fondement biologique. En effet, la dépression qui suit la disparition d'un proche peut être mortelle quand elle atteint ses limites extrêmes : « Dans les états ultimes, dit ainsi le docteur Laborit, le corps s'autosuicide sans demander l'avis de la conscience… Nos idées noires font marcher notre hypothalamus qui déclenche la sécrétion d'une hormone, laquelle libère à son tour la cortisone. Or la cortisone, si elle a le pouvoir de soulager nos douleurs, peut aussi dilater nos vaisseaux sanguins et détruire notre système immunitaire. Nous voilà ouverts à la prolifération de n'importe quelle maladie : ulcère, pneumonie, cancer. »

Selon le professeur J.-P. Devigne, de Bruxelles, les personnes venant de perdre un être cher sécréteraient même une substance de deuil (plus exactement un neuromédiateur du deuil baptisé CFR[2]. En explorant le liquide céphalo-rachidien des endeuillés, ce médecin y a trouvé

1. Soldat hindou au service de l'armée anglaise des Indes.
2. Corticotrophine Releasing Factor.

un taux de cortisol bien supérieur à la moyenne, qui expliquerait les dépressions, crises d'angoisse ou ulcères qui suivent un décès.

Curieusement, la sécrétion de cortisol est variable selon les individus. Parmi les parents d'enfants atteints de leucémie en phase terminale, le taux de cortisol est plus faible chez ceux qui se préparent au deuil et semblent l'accepter. Ceux qui sécrètent le moins de cortisol avant le décès de l'enfant sont ceux qui en sécrètent le plus après. Ainsi, l'individu qui n'accepte pas la mort d'un proche aura ensuite un deuil beaucoup plus difficile ou problématique.

Cela dit, tous les cardiologues sont unanimes pour attribuer certaines morts subites à des émotions « de gros calibre », et, parmi elles, l'annonce d'un décès. Là, le chagrin tue en quelques instants par une réaction de stress. Des flots d'adrénaline déferlent dans le corps, entraînant un accès d'hypercoagulabilité puis la formation d'un caillot qui, s'il obstrue une coronaire irriguant une partie vitale du muscle cardiaque, peut aboutir à un infarctus mortel.

Ce même mécanisme peut expliquer la crise cardiaque de Lyndon B. Johnson, ancien président des USA, qui mourut le lendemain même du jour où Richard Nixon « enterrait » d'un trait de plume son fameux programme de la *Great Society*.

La phtisie de la Traviata

De l'eczéma de Louis Jouvet à la grossesse nerveuse de Marie Tudor, nous voyons que les phénomènes psychosomatiques sont fort divers. On peut toutefois les classifier. Nous verrons qu'il existe tout d'abord des maladies d'alerte, liées à des stress ou à des chocs émotionnels précis. C'est par exemple la fréquence accrue de goitres en période de guerre (le stress des bombardements provoquant une activité accrue de la glande thyroïde). Citons encore la fameuse « épidémie » de fausses-couches psychogènes qui eut lieu à Strasbourg en 1870 à la suite de l'explosion d'une poudrière, la frayeur expliquant bien sûr ces avortements spontanés.

Seconde catégorie de troubles psychosomatiques : les affections liées à l'effondrement de nos défenses naturelles (le système immunitaire). C'est bien connu, on résiste moins à la maladie quand on est déprimé et c'est alors la porte ouverte au rhume comme au cancer (une dépression psychologique peut en effet aller de pair avec une dépression immunologique).

Même une maladie infectieuse comme la tuberculose pulmonaire (due au bacille de Koch) peut être déclenchée par une déception, un abandon affectif, une privation d'amour… Kafka, l'auteur de *la Métamorphose* — lui aussi tuberculeux — ne s'y était pas trompé : « Mes poumons ont comploté avec ma tête derrière mon dos !… », disait-il. Et l'on peut supposer que la phtisie de la Traviata était, elle aussi, liée à des difficultés psychologiques (problèmes sentimentaux).

Nous verrons enfin que le mal de vivre, les malaises affectifs, les conflits intérieurs mal résolus, les refoulements… toutes ces émotions en profondeur et en durée sont elles aussi génératrices de maladies souvent qualifiées de fonctionnelles : constipation chronique, migraines, fausses douleurs cardiaques, etc. On applique d'ailleurs à ces malades l'étiquette un rien péjorative d'« imaginaires » car souvent il n'y a pas de lésions organiques décelables. Mais là, la maladie a valeur de message et fonction de communication : elle est un cri, un appel. « On sonne du corps, dit le professeur Vilain, pour traduire l'angoisse, le chagrin, la solitude… pour attirer l'attention. » Bref, la maladie est alors un langage que le médecin doit s'efforcer de décoder, de décrypter.

Les maladies d'alerte

« La Bourse baisse, le sucre monte », disait jadis un certain Bochardad, après avoir établi une corrélation entre l'hyperglycémie du boursicoteur malchanceux et les aléas de la finance. C'est vrai : une grosse contrariété augmente la production de glucagon dans le pancréas (le glucagon est une hormone qui libère, dans nos vaisseaux sanguins, le sucre normalement stocké dans le foie et les muscles). On assiste alors à une augmentation quasi immédiate de la glycémie.

A chaque situation de stress ou d'agression physique ou psychique, le corps humain répond en effet par des réactions biochimiques identiques : augmentation de la fréquence cardiaque, de la tension artérielle, sécrétion de corticoïdes dans les vaisseaux. Mieux : le sang est redistribué dans les organes dont le rôle est prioritaire dans la réponse au stress ; on assiste ainsi à une dilatation des artères coronaires, des artères irriguant les zones musculaires et le cerveau. Et cela bien sûr en vue de mobiliser les forces vives de l'individu, qu'il ait choisi de fuir ou d'attaquer. Bref, toute émotion (danger, agression sociale...) déclenche immédiatement une sorte d'orage hormonal et un ballet de neurotransmetteurs destinés à préparer au mieux notre corps à cet état d'alerte. La réaction de stress suspend également toutes les activités perceptives, intellectuelles, affectives, rêveries et projets en cours au profit de l'attention exclusive portée à la situation d'urgence.

Ces schémas de réponse remontent en fait à des temps immémoriaux, à une époque où nos lointains ancêtres n'avaient que deux issues face à une menace ou à l'agression d'un auroch : la fuite ou la lutte. Pour cela, les muscles devaient recevoir un supplément immédiat d'énergie. Des flots de sucre déferlaient alors dans le sang pour donner du tonus à l'individu (ou lui permettre de prendre ses jambes à son cou !). Le calibre des vaisseaux se réduisait pour que le sang circule plus vite, d'où une augmentation de la pression sanguine (ou hypertension), la respiration s'accélérait pour accroître le taux d'oxygène sanguin (l'autre combustible du muscle), etc.

Tous ces mécanismes biochimiques de défense ont ainsi assuré la survie de l'espèce humaine et ces réactions ancestrales sont encore inscrites dans notre mémoire cellulaire Cependant, les stress ont aujourd'hui changé de nature : ils sont davantage psychiques que physiques. Ils ont pour noms peur du chômage, conflits affectifs ou familiaux, rancœur contre son supérieur, anxiété professionnelle, angoisse existentielle… Et ces situations appellent rarement des réponses physiques de lutte ou de fuite. L'éducation, la morale, la politesse, les conventions sociales font que l'on domine ses colères, ses exaspérations.

Pourtant, sous l'effet du stress, notre cerveau réagit comme il y a quatre ou cinq millions d'années. L'adrénaline se déverse dans le sang, la tension artérielle atteint la zone d'alarme, les plaquettes sanguines s'agglutinent, les hormones entrent en ébullition… Pas de danger si la contrariété n'est que passagère. Mais si l'émotion devient chronique, par exemple en cas de tensions professionnelles ou conjugales quotidiennes, notre système de défense et d'adaptation à l'agression finit par se retourner contre nous et devient autodestructeur. « Les dégâts sont un peu comparables à ceux que subit un moteur de voiture lorsqu'on appuie à fond sur l'accélérateur, tous freins bloqués [1]. »

L'émotion chronique est alors génératrice de maladies… Sécrétées en quantité excessive et de manière durable, les corticoïdes, par exemple, peuvent susciter une déminéralisation osseuse (ostéoporose). L'hypertension artérielle continue, elle occasionne pour les vaisseaux sanguins les mêmes dommages que subirait un tuyau rempli

---

1. Selon l'expression du docteur Escoffier-Lambiotte (*Le Monde de la médecine*, 5 octobre 1983).

en permanence de liquide sous pression. Ils finissent par se craqueler et se fissurer : c'est l'accident vasculaire…

Le stress mobilise, nous l'avons dit, les organes prioritaires (cerveau, poumons, muscles locomoteurs…). Dans une situation d'urgence, il s'agit aussi de libérer l'estomac de ce qu'il contient, toujours pour favoriser la lutte ou la fuite. Ainsi, Dame Nature a prévu d'augmenter brutalement les sécrétions de sucs gastriques. Mais là encore, même scénario : si les contrariétés persistent pendant des semaines ou des mois, cet hyperacidité gastrique risque de créer des lésions irréversibles à l'estomac. C'est le classique ulcère duodénal.

L'émotion peut rendre aveugle

Plus étonnant, on s'est aperçu que le stress diminuait la qualité du sperme. Selon le professeur Harrisson, de Brisbane (Australie), les facteurs émotionnels expliqueraient ainsi l'infertilité de 4 à 5 % des couples.

Même la vision peut être perturbée par un choc psychologique : la littérature médicale abonde de cas de vision floue (diplopie) ou de photophobie soudaine (incapacité à supporter la lumière) à la suite de turbulences psychologiques. Les psychosomaticiens ont également recensé des glaucomes de joie et des glaucomes de peur… Pour mieux comprendre cette maladie, il faut savoir que le globe oculaire est rempli de liquide. Cette humeur aqueuse est produite sans interruption par de petites glandes situées derrière l'iris. Comme ce liquide est déversé sans arrêt dans le globe oculaire, la cavité est vite remplie et il faut évacuer le trop-plein. Cette évacuation se fait par d'innombrables petits « robinets » situés sur tout le pourtour de l'œil. Or, tout stress, toute émotion quelque peu violente dilate la pupille et cette dilatation peut obturer ces orifices. Résultat : le trop-plein de liquide n'est pas évacué et la pression à l'intérieur de l'œil augmente. Celui-ci devient alors très dur : c'est le glaucome, une affection qui peut laminer, comprimer et écraser la rétine (jadis 80 % des glaucomes aigus aboutissaient à la perte définitive de l'œil atteint).

Il va de soi que les catastrophes naturelles et les états de guerre amènent de nombreuses manifestations psychosomatiques. Ce fut le cas en 1945 après les bombardements cataclysmiques de Dresde et de Hambourg. Même phénomène à Skoplje et dans la région des Dinarides en Yougoslavie, après le terrible tremblement de terre de 1963 qui fit plus d'un millier de morts. Des statistiques ont montré qu'au cours des cinq années consécutives à ce séisme, il y avait eu plus de sujets hypertendus que durant les huit années précédentes, l'inquiétude latente d'une nouvelle catastrophe expliquant bien sûr cette surtension chronique.

Autres exemples : au moment où les forces américaines préparaient leur débarquement sur les îles du Pacifique, une véritable épidémie de rétinopathie angiospastique (très grave affection oculaire) s'est déclarée dans le corps des *Marines*. De même, pendant le *blitz* sur Londres, la proportion des ulcères s'est élevée à 20 % de toutes les affections médicales (contre 3 à 10 % en temps normal).

Le vécu psychique peut enfin intervenir de manière surprenante dans les fonctions organiques. Tel cet apprenti boucher qui, sans le faire exprès, s'était laissé enfermer dans une chambre froide : on l'a retrouvé mort de froid alors que le système de réfrigération ne fonctionnait pas et que la température intérieure atteignait les 7 ou 8°…

Quand la tristesse rend malade

« On est plus sensible à la maladie quand on est déprimé », dit la sagesse populaire. C'est vrai : les périodes de contrariétés, de soucis ou de turbulences émotionnelles s'accompagnent bien souvent d'une triste série de rhumes, de bronchites ou d'éruptions cutanées. Elles réveillent aussi les virus tapis dans l'organisme (celui de l'herpès par exemple), qui, en temps normal ou en période de sérénité, seraient restés cois. On cite le cas d'une femme qui voyait un bouton de fièvre (ou herpès labial) fleurir sur ses lèvres à chaque fois que son amant se rendait à l'étranger !...

Le stress de l'école, la sévérité d'un maître ou la simple pression scolaire peuvent eux aussi expliquer les rhinopharyngites à répétition chez certains enfants (cet état de tension nerveuse amoindrit la production d'anticorps et rend ainsi l'enfant plus vulnérable aux virus).

Autre exemple : pendant la Première Guerre mondiale, on a recensé davantage de pneumonies chez les troupes qui battaient en retraite — donc déprimées — que chez celles restées sur le front. Bref, en période de déboires ou de contrariétés, l'homme voit parfois ses lignes de défenses s'effondrer. Son système immunitaire s'affaiblit.

Diverses études apportent aujourd'hui la preuve biologique de ce que le bon sens populaire soupçonnait depuis longtemps, à savoir l'altération de nos défenses naturelles sous l'effet de la tristesse ou d'une situation psychologique difficile. Des médecins américains se sont notamment intéressés à la sécrétion d'immunoglobulines IgA (anticorps de la salive protégeant contre les infections virales et bactériennes) chez des étudiants passant leurs examens de fin d'année : cette sécrétion s'était grandement amenuisée pendant cette période de stress (surtout chez les sujets très émotifs). Il est à noter que ce phénomène était moindre chez les étudiants pratiquant la relaxation.

Autre expérience menée au *Mount Sinai Hospital*[1] de New York : celle du professeur Stein, qui a exploré les défenses naturelles de quinze veufs avant et après le décès de leur femme atteinte de cancer du sein. Ces hommes se sont

1. Gabriel Gachelin, *la Recherche*, vol. 17 n° 177 (mai 1986).

prêtés pendant trois ans à des examens périodiques visant à mesurer l'état de leur système immunitaire. Il est apparu que cette immunité était significativement diminuée durant les deux mois suivant le décès (avec une chute maximale à la fin du premier mois). En revanche, avant la mort de l'épouse, tous ces examens avaient été normaux et cela en dépit de l'angoisse ressentie par ces hommes connaissant la trajectoire de la maladie (cancer du sein au stade de la généralisation).

Cet effondrement des défenses naturelles s'est progressivement atténué en quatre à quatorze mois, pour retrouver un seuil normal après la fin de la période dite « de deuil », bien connue des psychologues. Une remarque : pour veiller à la fiabilité de cette expérience, on a vérifié si cette immunité n'avait pas été modifiée par la prise de tranquillisants ou d'alcool.

Un « cerveau mobile » dans le sang

Tous ces travaux donnent donc une assise biologique à des phénomènes dont la compréhension n'était, jusqu'à ce jour, qu'empirique : il existe un lien très net entre le système nerveux et le système immunitaire et lorsque le moral est « à marée basse », le physique ne tarde pas à défaillir.

Sans vouloir faire un cours détaillé de psycho-neuro-immunologie, disons que nous sommes tous équipés d'un arsenal de défense hypersophistiqué dont le rôle est de nous protéger contre les infections et agressions extérieures : bactéries, dégénérescence cellulaire, virus (nous en rencontrons neuf milliards chaque jour). Ce système permet ainsi à notre organisme d'identifier tout intrus, de l'isoler, de le traquer, puis de le détruire. Cette organisation de défense est bien sûr orchestrée par le cerveau et le système nerveux central, relayés par divers organes, dont le thymus. C'est une glande d'une vingtaine de grammes située derrière le sternum, entre les deux poumons. Cet organe, formé de deux lobes, n'est développé que chez l'enfant. Il s'atrophie à la puberté, mais ne disparaît pas complètement chez l'adulte. On sait aujourd'hui que le thymus joue un rôle important dans la fabrication des anticorps et la constitution de l'immunité. On sait aussi qu'il a tendance à diminuer de volume chez les sujets particulièrement stressés.

Autre partenaire majeur de l'immunité : la moelle osseuse, qui fabrique notamment les globules blancs (on sait que toute souffrance affective entraîne une chute dramatique de ces globules (jusqu'à 2 000 au mm^3, alors que leur nombre est normalement de 5 000 à 8 000).

Notre système de défense est également relayé par des organes périphériques, parmi lesquels nous citerons la rate, qui produit des lymphocytes (les soldats de l'immunité, toujours prêts à intervenir en cas d'agression). Cet organe friable, enveloppé dans une capsule — ce qui explique la fréquence de ses déchirures traumatiques —, sert de filtre sanguin. Elle détruit par exemple les globules âgés (d'où son nom de cimetière des hématites).

Curieusement, les amygdales jouent, elles aussi, un rôle dans la réponse immunitaire. Pour cette raison, on essaye aujourd'hui d'éviter leur ablation abusive. Il y a encore à peine quinze ans, le printemps marquait la traditionnelle cueillette des amygdales. Objectif : éviter aux enfants les angines et rhinopharyngites à répétition. Cette stratégie est aujourd'hui abandonnée par le corps médical. Elles servent de rempart à l'invasion des germes, bactéries, etc., en fabriquant des anticorps à leur passage. Il est donc utile de conserver cette protection naturelle.

Indépendamment de ces organes spécialisés où sont rassemblées les cellules de l'immunité, il existe des « unités mobiles » de défense, disséminées dans tout l'organisme. Ce sont les Iymphoïdes et les macrophages (sortes de gros globules blancs qui ingèrent et dévorent les substances étrangères). Ils sont parfois groupés en petits amas qu'on appelle les ganglions, mais le plus souvent, ils sont totalement séparés les uns des autres dans le flot sanguin. A tout cela, il faut ajouter un système de liaison entre le cerveau, les glandes endocrines et nos défenses naturelles. Ce système est formé d'une cinquantaine de substances (les neuropeptides transmetteurs) flottant dans le sang et formant ainsi une sorte de « cerveau mobile » capable de détecter des agresseurs (cellules cancéreuses, bactéries, etc.) que le système nerveux ne reconnaît pas, et de lui transmettre l'information.

Bleus à l'âme et cancer

Aussi sophistiqué soit-il, ce système de défense peut parfois défaillir. Les raisons de cette déroute sont aujourd'hui mieux connues. Sous l'effet d'une émotion par exemple, nos glandes cortico-surrénales libèrent les fameuses hormones corticoïdes. Rien d'alarmant si l'émotion est brève ou peu intense. Si elle persiste, en revanche, la sécrétion de corticoïdes va, elle aussi, continuer. Ces hormones, sécrétées en abondance, peuvent malheureusement atrophier nos organes lymphoïdes (thymus et ganglions lymphatiques) et réduire ainsi la production d'anticorps. D'où un système immunitaire déprimé, qui est la porte ouverte à l'intrusion des virus. Cela peut même déclencher un cancer latent (comme le cancer de Joséphine de Beauharnais après sa répudiation par Napoléon Bonaparte.

Bien entendu, il ne faut pas « psychologiser » à outrance, et dire que Monsieur Untel va faire une tumeur parce qu'il a mal digéré une contrariété. Tout dépend bien sûr de l'intensité du stress, de sa durée ou de sa répétitivité. Tout dépend aussi du terrain, c'est-à-dire du bagage héréditaire, biologique ou culturel de l'individu et de sa manière de gérer ces stress ou de canaliser son angoisse. Chacun réagit en effet différemment face à un choc émotif. Pour certains, la perte d'un chien, par exemple, ou l'éraflure d'une voiture pourra représenter une blessure plus intolérable que la disparition d'un proche.

Cependant, si des bleus à l'âme peuvent amoindrir nos défenses naturelles, nous verrons aussi plus loin qu'un bon moral peut leur donner un sérieux coup de fouet.

Malade, moi ? toujours !...

« J'ai la rate qui se dilate, j'ai le foie qui ne va pas, le nombril tout en vrille... Ah mon Dieu que c'est embêtant d'être toujours patraque... » Qui ne connaît ce vieux refrain, encore inscrit dans toutes les mémoires ?... Cette chanson populaire, des légions de patients pourraient d'ailleurs se l'approprier ; des sujets qui, à longueur d'année exhalent les plaintes les plus diverses : vertige, bourdonnements d'oreilles, mal de dos... Baptisés « faux malades », « fonctionncls », « psychosomatiques » voire « hystériques », ils représenteraient, dit-on, 40 % de la clientèle des généralistes. Tour à tour ballonnés, boutonneux, pris de sueurs déferlantes ou dynamités par des crises de tétanie, ces patients semblent réellement souffrir. Pourtant, les examens médicaux, les bilans sanguins, les frottis restent désespérément négatifs : pas de lésions organiques décelables, ni de troubles métaboliques majeurs.

« Monsieur vous n'avez rien, c'est psychique... c'est dans la tête ! », leur répondait-on jadis au risque de les vexer... jusqu'à l'ulcère ! Aujourd'hui, les médecins se montrent beaucoup plus diplomates et s'efforcent plutôt de décoder cette souffrance qui n'a rien d'imaginaire, de décrypter ces maladies qui naissent dans la tête mais que le corps subit. Car derrière la fatigue, le lumbago ou la colite, se dissimule souvent une souffrance morale : anxiété, mal de vivre, existence malmenée par des émotions lourdes... Le mal-être peut être aussi social : ce sont les conditions de logement, de transport, de travail qui fatiguent, dépriment et ouvrent la voie aux pathologies les plus diverses. Comme chez Marie-Pierre, vingt-huit ans. Elle habite en banlieue parisienne. Pas la belle ; l'une de celles où l'œil et le cœur se désespèrent, avec leur vue imprenable sur la ZUP et la gare de triage. Car comme les paroisses, la banlieue a ses riches et ses pauvres, ses boutons de sonnette plaqué-or et ses masures de claque-dents. Cette banlieue, Marie-Pierre s'y est exilée à la suite d'avatars financiers. Depuis lors, rien ne va plus : elle mène une vie éclatée entre le travail, les transports, les courses… Chez elle, c'est la mélancolie étouffante, l'épuisement par le bruit : les tuyauteries qui ronflent, les émissions télévisées qui traversent les murs de carton-pâte, l'accordéon du voisin qui gémit des invitations à la java… Côté santé, ce n'est guère éblouissant : depuis un an, Marie-Pierre se plaint de maux de ventre inexplicables. « Colite », lui a répondu son généraliste. Régime, médicaments n'y ont rien fait, les douleurs persistent. Jusqu'à sa rencontre avec un médecin qui a essayé d'en savoir un peu plus long sur elle, sa solitude, son ennui, son manque d'argent… Conclusion du praticien : ses douleurs abdominales n'ont aucune cause organique et ne sont que l'écho de ses séismes intérieurs. On parle même aujourd'hui de « cerveau intestinal », tant la motricité de notre intestin est soumise à des régulations nerveuses complexes.

Les cabinets de généralistes sont ainsi assaillis par des hordes de patients qui expriment à travers leur corps blessé un mal de vivre, une misère affective, des difficultés conjugales… Comme disait Freud, « le psychique fait alors un saut dans l'organique ». C'est ensuite au médecin de tirer les ficelles pour tenter de comprendre la signification de ces symptômes, de ces « ratés » du corps qui sont souvent un appel au secours, un signal de détresse, un message réactionnel que le sujet n'arrive pas à exprimer par des mots.

« Si l'émotion ne se libère pas, disait jadis Maudsley,

elle va s'en prendre aux organes et en troubler le fonctionnement… Le chagrin qui peut s'exprimer par des gémissements ou des pleurs est vite oublié, tandis que la peine muette, qui sans cesse ronge le cœur, à la fin le brise… »

Tous les psychiatres sont en effet unanimes à souligner le danger des émotions rentrées et chroniques : refoulements, vie conjugale insatisfaisante, ressentiments à l'égard d'un conjoint, d'un supérieur… Toutes ces vies passées à « avaler des couleuvres », à dominer ses exaspérations, à mettre ses hostilités en sourdine, toutes ces émotions en profondeur sont alors génératrices de troubles. Car ces tensions durables activent à longueur de jours et de semaines notre système nerveux neurovégétatif et notre système hormonal et endocrinien. Cet état d'ébullition inutile, cette houle physiologique a de dangereux retentissements sur nos organes. Bien entendu, chacun réagira à sa manière car il existe mille façons de somatiser. Inconsciemment, le malade utilisera la partie la plus sensible de son corps pour fixer son appel affectif. C'est toujours le maillon le plus fragile de la chaîne qui casse !

Notre corps possède en effet des points de cristallisation maladive, des points électifs de défaillance. Chacun présente un organe un peu plus fragile que les autres, une sorte de talon d'Achille, souvent lié à l'hérédité. Il existe par exemple une prédisposition congénitale à la migraine ; elle serait héréditaire dans 66 % des cas.

Dans chacune de nos cellules existe, il est vrai, 1,70 m de ruban ADN (le fameux acide désoxyribonucléique cher à Salvador Dali) qui véhicule la mémoire du passé et par là même les fragilités de nos parents ou de nos aïeux. Il existe ainsi des familles d'eczémateux, d'asthmatiques, des familles à rhume des foins, etc. Une remarque : ces maladies ou ces prédispositions — inscrites dans notre sceau génétique — peuvent toutefois sauter une génération.

Mémoire affective et retard de croissance

A cet héritage, il faut ajouter tous les chocs psychologiques engrangés pendant l'enfance et même pendant la période fœtale.

Toutes les souffrances affectives (maladresse ou manque d'amour des parents...) sont en effet codées chimiquement dans notre cerveau et notre système limbique. Cette mémoire affective peut s'inscrire par exemple dans les fibres du corps sous forme de tensions musculaires (ne dit-on pas d'une personne qu'elle est « raide » ou « coincée » ?). Bref, notre corps se souvient de ses émotions réprimées ou refoulées (c'est le fameux thème du sous-sol chez Dostoïevski). On sait aujourd'hui que les frustrations et autres stress psycho-émotionnels peuvent freiner l'activité de l'hypophyse et réduire les sécrétions d'hormone de croissance (l'hormone somatotrope).

Des petites tailles ou des retards de croissance peuvent ainsi s'expliquer par une carence ou une misère affectives. L'enfant que l'on ne caresse pas quand il a besoin, l'enfant que l'on ignore ou que l'on fait taire, peut voir son développement physique perturbé. La poussée de la barbe ou celle des dents de sagesse ne se font pas à l'âge où elles auraient dû normalement se produire.

Souffrances morales et cris du corps

Nous sommes prisonniers de notre passé dans notre façon de réagir au monde. Sur le plan de notre santé, le bon fonctionnement ou le dérèglement d'un organisme sont étroitement liés à la façon dont l'individu se comporte face à la vie, selon qu'il l'empoigne ou qu'il la subit. Une situation psychologique difficile sera ainsi aisément surmontée chez tel individu. Chez tel autre, en revanche, la même contrariété va susciter un stress, réveiller ou réactiver de vieux conflits, des interdits ou d'anciennes frustrations. Et s'il n'arrive pas à évacuer, à extérioriser ou à verbaliser ces souffrances intérieures, son corps va crier ou hurler à sa place. Cela pourra se traduire aussitôt par une crise d'asthme, des douleurs gastriques ou cardiaques ou par une immunodéficience.

L'équilibre psychique et la capacité à se distancier des stress sont donc des éléments déterminants dans le déclenchement de la maladie. Que l'un ou l'autre défaille et les virus ou bactéries attaquent en force.

« Il paraît évident, dit ainsi le docteur Laborit, biologiste, que pour faire une infection ou une affection néoplasique[1], il ne suffit pas d'un contact avec un microbe ou un virus, ou un irritant local chroniquement subi… On a trop focalisé sur le microbe, le virus ou le toxique cancérigène, et pas assez sur le sujet, sur son histoire passée et présente, ses rapports avec son environnement. »

La supercherie qui guérit

Or, il semble que notre médecine ait quelque peu négligé au fil de ses formidables progrès et découvertes (antibiotiques, résonance magnétique nucléaire, greffes du cœur ou du poumon…) les subtiles corrélations entre le corps et l'esprit… Elle s'est laissée fasciner par le mirage des check-up, des bilans sanguins, des tracés électro-encéphalographiques, au point d'en oublier parfois le malade.

Aujourd'hui, on a « son » gynéco, « son » dermato, « son » cardiologue… L'être humain est émietté, tronçonné ; il n'est qu'une somme d'organes. Mais à force de travailler sur les pièces détachées, le médecin a fini par perdre l'âme de la machine… Ce qui expliquerait l'engouement persistant des malades pour les guérisseurs, les

1. Prolifération de cellules se présentant généralement sous la forme d'une tumeur.

médecines parallèles ou les panseurs de secrets (« Mieux vaut être guéri par un charlatan, qu'autopsié par un médecin des hôpitaux », dit d'ailleurs la sagesse populaire !). C'est vrai : les guérisseurs et autres shamans, eux, prennent en compte cette dimension psychologique de la maladie. Car le patient n'a pas seulement besoin de médicaments, mais de mots, de regards, de contacts. Encore faut-il séparer le bon grain de l'ivraie : le monde des guérisseurs traîne dans son sillage des hordes de charlatans, de faussaires et d'escrocs.

Cette capacité d'écoute, le médecin généraliste, lui, ne peut plus guère l'avoir. Sorte de « petit commerçant » payé à l'acte, assailli de charges, de frais professionnels, de remboursements d'emprunts, le généraliste se voit condamné à multiplier les consultations pour s'en tirer financièrement (certains en font jusqu'à quarante ou cinquante par jour !). Rappelons que pour la Sécurité sociale, le temps moyen d'une consultation est fixé à dix minutes. C'est parfois court pour faire un diagnostic sérieux et explorer les éventuels arrière-plans psychologiques de l'affection du sujet.

Les adeptes des médecines parallèles, eux, doivent souvent leur succès à leur capacité d'accueil, leur sens des relations humaines, leur discours euphorisant et sécurisant. Leur force attractive est certainement leur approche globalisante, le fait qu'ils considèrent l'homme comme un tout, corps et âme, le malade avant la maladie…

Cela, les shamans, les *witch-doctors* et mages de toutes cultures et de toutes civilisations l'ont toujours compris. « Si la supercherie guérit, dit ainsi le professeur Escande, c'est qu'elle fait appel à des mécanismes de guérison puissants. Ce sont ces mécanismes qu'il est urgent de découvrir[1]… »

Quels peuvent être ces mécanismes ? est-ce l'effet placebo ? Peut-être. La foi dans le remède ou le guérisseur

1. Revue *Autrement*, nº 68, « Les Médecins », 1985.

déclencherait dans le cerveau toute une série de réactions biochimiques complexes, se répercutant ensuite favorablement sur les fonctions ou les organes défaillants. Cette confiance profonde pourrait ainsi donner un coup de fouet au système immunitaire et renforcer nos défenses face à l'agression microbienne, virale ou autre.

Une science naissante : la psycho-neuro-immunologie

Une nouvelle science sera bientôt à même de confirmer et d'expliquer ces surprenants phénomènes : c'est la psycho-neuro-immunologie. Nous avons vu plus haut que les hormones et autres médiateurs chimiques qui circulent dans notre sang augmentent ou décroissent en quantité selon notre état mental, nos équilibres affectif, existentiel, etc., et déterminent notre bonne ou mauvaise santé.

Sous l'influence de violentes émotions, ces mêmes substances (adrénaline, cortisol, kallicrine…) peuvent être lâchées en quantités stupéfiantes dans le courant sanguin et décupler les forces de l'individu. On cite souvent l'exemple de cette femme qui réussit à soulever le train avant de son tracteur pour délivrer son fils accidenté. Dans le même registre, une étude japonaise rapporte que lors de la dernière guerre mondiale, des pilotes kamikazes ont réussi à tordre leur manche à balai dans une ultime tentative pour redresser leur appareil avant l'impact fatal (ils étaient pris sans doute, au dernier moment, d'une incommensurable frayeur).

Lâchées dans nos veines et vaisseaux selon notre humeur et nos émotions, ces hormones règlent aussi le comportement de nos macrophages, de nos globules tueurs T, ainsi que la production d'anticorps assurée par nos lymphocytes B. Les travaux des immunologistes nous montrent ainsi de plus en plus que nous intervenons personnellement, corps et âme, dans nos maladies.

La psycho-neuro-immunologie sera peut-être bientôt à même d'expliquer les exemples d'auto-guérisons spontanées ou miraculeuses ; de nous dire pourquoi une crise de mysticisme peut déclencher des stigmates (comme chez certains musulmans, qui reproduisent dans leur chair les blessures du Prophète) ; comment un yogi peut, par la seule force de sa pensée, moduler sa température corporelle ; comment un divorce mal vécu peut être le facteur déclenchant d'une tumeur, etc.

Cette nouvelle discipline aboutira enfin à retrouver l'individu dans sa totalité… Par une meilleure compréhension globale du malade et de sa maladie, la psycho-neuro-immunologie sera peut-être à même de décloisonner la profession médicale, de réconcilier les partisans de la médecine psychosomatique et les praticiens traditionnels, et de donner une assise biochimique aux travaux des psychologues et des psychiatres, des psychanalystes… Cette science naissante nous prouve déjà qu'en matière de santé, nous pouvons nous aider nous-mêmes et nous garder ainsi de la maladie. Tout au long de cet ouvrage, nous verrons qu'un bon moral, c'est déjà la moitié de la guérison et que la joie de vivre peut aussi tenir les virus en respect.

Quand les animaux somatisent

Ses maîtres l'avaient baptisé « Goupillon », car ce petit chien — un Yorkshire au poil ébouriffé — ressemblait curieusement à un rince-bouteilles… Or, un jour, notre Goupillon s'est mis à avoir des crises d'épilepsie. Fait étrange, ces symptômes ne surgissaient qu'à des moments bien précis : à chaque fois que ce chien entendait des glaçons tinter dans un verre. Ce phénomène avait une explication très simple : ses maîtres avaient coutume de se disputer lorsqu'ils prenaient l'apéritif, l'alcool aiguisant bien sûr leur agressivité. Résultat : Goupillon stressait à chacun de ces conflits et il s'était établi une corrélation entre le tintement et le déclenchement des crises. Par une sorte de réflexe conditionné, il somatisait également en entendant le même signal sonore en d'autres lieux que chez ses maîtres.

Les annales de psychiatrie animale abondent en tels cas de somatisation. Le chat, le chien ou le cheval peuvent en effet exprimer leur mal-être par des symptômes physiques fort divers. On a pu constater chez des chatons brusquement séparés de leur mère des difficultés respiratoires (dyspnée, bronchospasmes) comparables aux crises d'asthme de l'être humain.

Deux animaux semblent particulièrement sensibles au stress : le porc et le cheval. On est d'ailleurs frappé de la facilité avec laquelle on peut déclencher l'apparition d'un ulcère digestif en stressant un porc. Le stress des transports retentit notamment sur cet animal. Pour cette raison, les éleveurs donnent toujours des tranquillisants à leurs animaux avant de les véhiculer jusqu'à l'abattoir (la frayeur du transport pouvant altérer la qualité de la viande).

Même précaution avec les chevaux, le stress déclenchant parfois chez eux de surprenantes alopécies (chutes de poils par plaques entières). Jadis, lorsqu'on exportait des chevaux de trait par avion, quelques poules de basse-cour faisaient toujours partie du voyage, leur présence ayant le don de calmer les chevaux. Les oiseaux, eux non plus, ne sont pas épargnés par ces manifestations psychosomatiques. Les psychiatres Pierre et Henri Lôo rapportent ainsi[1] qu'après les violentes tempêtes de février 1984, on a retrouvé près de 50 000 cadavres de mouettes sur les côtes. On a cru d'abord à une dénutrition engendrée par les éléments déchaînés. Mais en pratiquant l'autopsie de ces oiseaux marins, on s'est aperçu que c'étaient bien la fatigue et la peur qui avaient généré des hémorragies gastriques par ulcère…

Même la truite est sensible au stress : sous l'effet d'une

---

1. Dans *Le Stress permanent*, Masson, 1986.

menace de danger, elle sécrète une sorte de mucus qui joue un rôle de lubrifiant et lui permet d'accroître sa vitesse, facilitant ainsi sa fuite. Des chercheurs américains ont d'ailleurs réussi à reconstituer artificiellement ce mucus et lui ont trouvé une application étonnante. Ils l'utilisent dans la fabrication des lances d'incendie : en tapissant l'intérieur de leurs tuyaux avec ce mucus de synthèse, les pompiers de New York ont ainsi réussi à augmenter la portée de leurs jets d'eau !...

Cela dit, une affection exagérée à l'égard d'un animal domestique peut également perturber celui-ci, notamment au niveau de la sphère endocrinienne et génitale. On a vu des chiennes faire des grossesses nerveuses pour avoir été trop cajolées par leurs maîtres. Ce phénomène se manifeste toujours selon le même schéma : soudain, la chienne devient plus capricieuse, boude sa pâtée, s'énerve pour un rien, perd l'appétit et a tendance à se réfugier dans sa niche ou son panier. Parfois, au contraire, elle est plus câline et déborde de tendresse. Dans tous les cas, elle adopte un jouet qu'elle materne et se répand en plaintes et en jérémiades si l'on veut le lui arracher. Parallèlement, on assiste à des modifications physiologiques : les mamelles enflent et du lait peut même s'en écouler. Cette pseudo-grossesse a tendance à disparaître au bout d'une dizaine de jours, mais peut se réactiver ultérieurement, à la suite d'un nouveau problème ou d'un choc nerveux... Les vétérinaires sont en effet unanimes à constater que le psychisme du maître peut retentir de façon importante sur le comportement de l'animal. Et ce sont parfois les affections psychosomatiques de ce dernier qui révèlent le mal-être ou les turbulences psychologiques du premier.

Autre forme de somatisation : la dépression réactionnelle du chat ou du chien à la mort de leur maître. L'animal domestique peut alors adopter un comportement anorexique et suicidaire : il cesse de manger, se laisse dépérir et meurt parfois d'inanition.

1

Psychosomatique et dermatologie

Les clignotants de la détresse

« Ce qu'il y a de plus profond
dans l'Homme, c'est la peau. »
Paul Valéry.

Nuit agitée pour Mélanie, la librairie d'un petit village de Savoie… Sur le coup de quatre heures du matin, un violent bruit suivi d'éclats de rire la saisit dans son sommeil… Sursaut de Mélanie qui reste quelques secondes immobile, toutes pensées suspendues. Le bruit est venu de l'étage inférieur. Nouvel éclat de rire, puis plus rien. Mélanie, troublée, jette un coup d'œil à la fenêtre puis descend le grand escalier du chalet. Elle sent alors une main de glace lui serrer le cœur. Un cercueil est là, dressé à la verticale, près du chambranle de la porte. Un cercueil vide bien sûr, vraisemblablement « emprunté » chez l'ébéniste voisin et apporté là par quelque mauvais plaisant. Qu'à cela ne tienne, Mélanie en est toute remuée.

Au lendemain de cette mésaventure, une autre surprise, tout aussi mauvaise, attend la vieille libraire : des petits boutons rouge-orangé ont soudain surgi à ses poignets. Même phénomène deux jours plus tard, cette fois à l'intérieur des joues ; ces petites papules d'un rose brillant vont alors la tourmenter par de vives démangeaisons… Le prurit est si intense qu'elle se décide à consulter le médecin. Diagnostic : « lichen plan », une maladie de peau à l'évolution capricieuse et très souvent liée à des chocs psychoaffectifs…

Saint-Malo, Bretagne… Attablés face au port, deux vacanciers, Pascale et son époux Marc, commentent le menu du jour. La carte du restaurant les laisse indécis tant elle est riche en fruits de mer. Marc vient d'opter pour des « fines de claire ». Pascale, elle, sent ses papilles se réveiller au seul énoncé du mot langouste. Pourtant, trois jours avant, lors de ce même périple en Bretagne, ce crustacé lui a donné une violente crise d'urticaire. Incompréhensible. Même phénomène six mois plus tôt : des boursouflures ressemblant à de cuisantes piqûres d'orties ont inopinément surgi sur son visage. « Étrange », s'était-elle dit. Car jamais auparavant ce crustacé n'avait suscité, chez elle, de telles éruptions cutanées. Au fond d'elle-même, Pascale en devinait pourtant l'origine. Mais elle n'osait l'avouer à son mari… L'explication ? Elle était fort plausible et pourtant surprenante : la langouste lui donnait de l'urticaire, précisément depuis le jour où son mari l'avait surprise en train d'en déguster avec son amant !…

Le Touquet-Plage, par une froide journée d'hiver… La petite cité balnéaire n'est qu'un immense claque-dents et rares sont les promeneurs à s'être aventurés sur le front de mer. Un car de tourisme vient pourtant de s'immobiliser face à la mer. Quelques personnes en descendent. Moyenne d'âge : soixante à soixante-cinq ans. Des retraités bien sûr. Dans ce petit groupe, il y a Guy et Madeleine. Guy, cinquante-huit ans, mis en préretraite voici un an, semble amer. Employé depuis vingt ans dans une entreprise de solvants chimiques des Hauts-de-Seine, il s'est tout bonnement fait « harponner », comme des milliers d'autres Français, par la préretraite. « Et sans anesthésie ! », dit-il avec une morsure au cœur. Un pot d'adieu, et hop ! voilà, il a basculé dans le « repos obligatoire ». Alors, il tue le temps : il a d'abord acheté un chien. « Ça vous incite à sortir », dit-il. Il bricole un peu pour apaiser les fourmis qu'il a dans les mains. Et il fait les courses, sans enthousiasme. Ses copains l'ont même chahuté l'autre jour en le voyant avec un filet à provisions. Alors maintenant, pour donner le change, il met ses poireaux et ses carottes dans un attaché-case !

Et puis il y a Madeleine, sa femme. Elle sort tout juste d'une dépression. Madeleine, depuis si longtemps « femme au foyer », si habituée à une totale liberté sur « son territoire », n'a pas supporté la présence désormais continue (et encombrante !) de son mari. Car le « héros » est revenu ! Et il a des états d'âme ! Et il laisse ses cendres partout ! Et il traîne dans ses pattes toute la journée !... Madeleine s'en remet quand même petit à petit. Mais il lui a fallu renégocier le territoire, laisser une pièce à Guy... Guy qui supporte de plus en plus mal son inactivité, ce sentiment de vide total. Sans parler de la « tuile » qui lui arrive : d'énormes plaques rouges surmontées de squames blanches lui ont inopinément envahi les coudes et le thorax. Il a d'abord pensé à une quelconque allergie. Un pronostic vite démenti par le médecin, qui a immédiatement diagnostiqué un psoriasis, la maladie de peau la plus répandue en France après l'eczéma...

L'homme : 18 000 cm^2 de peau

Mélanie, Pascale, Guy... Trois destinées et un dénominateur commun : une maladie de peau déclenchée par un choc émotionnel (peur, choc affectif, mise à la retraite). « Cas rarissimes », direz-vous. « Pas du tout, répond le corps médical. Hormis les dermatoses d'origines microbienne, parasitaire ou alimentaire, la plupart des maladies de peau ont une origine psychique (stress, contrariété, difficultés personnelles)... »

C'est vrai que la peau reste le lieu privilégié de l'expression émotionnelle. Une dispute conjugale et c'est une dartre qui surgit au sommet des pommettes. Un conflit professionnel et vous voilà assailli par un prurit. Une rage réprimée et vous vous réveillez couvert d'urticaire... La peau formule à sa manière ce que vous n'avez pas réussi à exprimer avec des mots !

La peau, ne l'oublions pas, est la plus étendue de nos surfaces sensorielles : 18 000 cm^2 en moyenne chez l'adulte (2 500 chez le nouveau-né), 18 000 cm^2 qui couvrent le corps et forment sa frontière. Une frontière extrêmement sensible puisqu'elle est capable d'apprécier des pressions d'à peine 2 mg !... Les aveugles, par exemple, savent véritablement lire avec leur peau. Ainsi Hélène Keller, née sourde, muette et aveugle, pouvait « goûter » une symphonie de Mahler ou de Beethoven avec la plante de ses pieds, en percevant les seules vibrations du plancher[1] !

Autre point fondamental : la peau a la même origine embryonnaire que le système nerveux (nerfs, moelle, cerveau) ce qui explique les fantastiques interactions entre les nerfs et la peau. Cette parenté se retrouve d'ailleurs dans bien des locutions populaires comme « avoir les nerfs à fleur de peau » ou « être mal dans sa peau » (en clair : « être mal dans ses nerfs »). La peau et le cerveau parlent en quelque sorte le même langage.

Quand l'épiderme s'exprime

Notre épiderme sait aussi changer de couleur, de texture, de pilosité selon les diverses émotions. L'implication de la peau est ainsi parfaitement démontrée dans l'expression de certains sentiments : les rougeurs notamment (la personne rougissant trahit ses sentiments malgré elle), ou certaines démangeaisons. Exemple, cette femme qui se grattait violemment chaque fois qu'elle se mettait dans le lit conjugal (l'infidélité de son mari était, il est vrai, aussi incorrigible que notoire). Explication avancée par les psychothérapeutes : « En déchirant sa propre peau, cette femme voulait tout simplement déchirer celle de son mari. »

Citons encore l'eczéma du nourrisson (les lésions cutanées pouvant être interprétées comme un appel violent de la

1. Rapporté par le docteur Leleu in *le Traité des caresses*, éditions Encre.

peau, un besoin de tendresse, un besoin d'amour réprimé, une demande de caresse). Le bébé exprime ainsi par son corps ce qu'il ne peut dire avec des mots (voir chapitre 2 : *Psychosomatique et pédiatrie*).

La maladie de peau est aussi une manière inconsciente d'attirer l'attention sur soi : les lésions cutanées se donnent à voir et appellent en quelque sorte le regard. Ainsi, cette jeune fille victime d'un mariage de convenances et dont la bague de fiançailles déterminait un prurit au doigt !... Cette « protestation cutanée » s'adressait vraisemblablement à ses parents, coupables de cet arrangement matrimonial...

La maladie de peau peut également servir à exprimer une rancœur envers autrui (par exemple les sujets dont les démangeaisons n'existent qu'en présence de certains membres de leur famille).

On peut aussi trouver une utilité à la maladie. Les dermatologues rapportent souvent l'exemple de ces femmes qui, victimes de déboires sentimentaux, souhaitent prendre de la distance vis-à-vis des hommes et se maintiennent dans une chasteté obligatoire « grâce » à un herpès génital !... Le processus est, bien sûr, inconscient.

Quant à la démangeaison, sorte de douleur cutanée, elle est aujourd'hui considérée comme une simple projection de la douleur morale. « La preuve, disent les psychanalystes : souvent, en cours d'analyse, à mesure que le patient met à jour ses angoisses, les exprime avec des mots, la démangeaison diminue ou disparaît... »

Il faudrait aussi parler du prurit des vieillards, sortes d'hallucinations tactiles très souvent liées à un état dépressif.

Les mystères du psoriasis

« Je ne dirais pas que je souffre du psoriasis mais j'en ai souffert. Moralement bien sûr... Pendant des années, ma vie a été minée, disloquée... »

La femme qui s'exprime ainsi s'appelle Agnès. Elle est psoriasique depuis vingt ans. L'origine de sa maladie ? « Un violent choc émotif, dit-elle. Mon père venait d'être opéré d'un cancer buccal et je suis allée le voir à la clinique. Je suis rentrée dans la chambre... Il était là. Il me regardait fixement et, dans ses yeux, je pouvais lire une indéfinissable inquiétude... Il ne parlait pas. A vrai dire, il ne pouvait plus parler. Bien évidemment. On lui avait aussi coupé la langue !... Lorsque je m'en suis rendue compte, j'ai été submergée par la panique. Pendant des jours et des jours, je n'ai cessé de faire des cauchemars. Deux mois plus tard, j'avais un psoriasis sur le cou, les mains et les bras. Le drame de ma vie ! Jusqu'à cette date, j'avais mené une existence heureuse. J'étais mariée, j'avais deux enfants adorables. Mais avec cette maladie, mon bonheur tranquille s'est définitivement fêlé. Naufrage esthétique tout d'abord : un désastre qui finit par vous séparer des autres humains et vous rive chez vous comme une pestiférée, comme une lépreuse. Et cet emploi de banque que l'on m'a refusé parce que je n'étais pas présentable !... Bien sûr, il vous arrive d'oublier votre psoriasis. Seulement, les gens savent bien vous ramener à la réalité, vous montrer que vous n'êtes pas comme les autres... »

Le stress : un rôle évident dans 72 % des cas

Le psoriasis est une maladie qui garde encore tout son mystère. Une maladie encore entourée d'une étrange conspiration du silence, alors qu'elle frappe plus d'un million de Français (1,2 million exactement, soit 2 % de la population).

« Psoriasis » : ce mot tiré du grec « psora » (« gale » ou « partir en poussière ») définit ainsi parfaitement ces lésions rouges luisantes, recouvertes de squames sèches et brillantes. Ces plaques couvrent parfois le corps entier mais apparaissent de manière privilégiée aux coudes, aux genoux, sur les ongles ou le cuir chevelu (en fait là où existent des zones de frottement ou de traumatisme).

On ignore encore la cause de cette dermatose. On sait seulement qu'elle est due à une croissance trop rapide des cellules de l'épiderme. On note que presque 100 % des psoriasiques présentent un état dentaire infectieux. Dès lors, on s'est posé la question de savoir si le psoriasis n'était pas dû au fameux staphylocoque doré…

On sait aussi que cette maladie apparaît le plus souvent entre vingt et trente ans. Mais quel que soit l'âge, la première poussée suit en général un choc physique (grattages, intervention chirurgicale, vaccination) ou psychique (divorce mal vécu, échec professionnel, deuil…). « Dans 50 % des cas, nous dit le professeur Puissant, on retrouve un événement pénible dans les trente jours qui ont précédé la première poussée de psoriasis… Le stress, lui, serait responsable de 72 % des aggravations. »

Si les chocs émotifs jouent un rôle évident dans le déclenchement des poussées, ils ne l'expliquent pas totalement. S'y ajoute notamment une prédisposition héréditaire. Le psoriasis apparaît ainsi plus précocement lorsque plusieurs ascendants ou germains ont été atteints. Autre remarque : dans la famille proche du psoriasique, il y a presque toujours des sujets atteints de maladies allergiques, cutanées ou respiratoires (eczéma, asthme, rhume des foins, urticaire…).

Quoi qu'il en soit, du jour où la première squame a maculé l'épiderme de quelqu'un, il est inexorablement frappé d'un mal chronique. Il connaîtra des poussées, peut-être des rémissions, puis de nouvelles poussées à certaines périodes de l'année (ne dit-on pas que chaque psoriasique a sa saison ?).

Si cette affection n'est ni contagieuse, ni mortelle, elle laisse toutefois ses victimes désemparées et handicapées socialement (y compris dans leur vie privée et leur relation de couple). Cette détresse morale ne fait qu'aggraver les poussées ! Certains patients, touchés à 70 ou 80 %, vivent ainsi comme des parias. On a vu des compagnies aériennes refuser d'embarquer des psoriasiques sous prétexte de leur apparence choquante !…

Quelques auteurs ont bien sûr tenté de dégager un profil psychologique du porteur de psoriasis. Leurs résultats restent toutefois partiels et controversés. Pour certains, les psoriasiques seraient d'un excellent niveau intellectuel et d'une puissance de travail généralement supérieure à la moyenne. On les dit aussi plus sensibles, plus réceptifs à leur environnement et par là même plus anxieux et dépressifs. Pour d'autres, ce seraient des êtres qui, sous des dehors impassibles, masqueraient en fait, au prix d'une tension considérable, un désarroi complet devant l'existence.

Lucien Israël[1], lui, les qualifie d'êtres au « contact bizarre », « à la pensée floue », « aux idées fuyantes », mais ayant toutefois « une bonne adaptation socioprofessionnelle »…

Pour quelques psychanalystes enfin, le psoriasis serait une « expression passionnelle de la haine de soi » !

« Curieusement, ajoute le docteur Paul Kenzey, on s'aperçoit que beaucoup de psoriasiques arrêtent épisodiquement

1. Professeur de psychiatrie-Strasbourg.

leurs divers traitements. Ils les abandonnent comme ça, inopinément. On dirait même qu'ils ont besoin de leur psoriasis pour vivre ! C'est vrai : s'il n'avaient pas cette maladie, peut-être seraient-ils suicidaires ?... »

Peut-on guérir par simple psychothérapie ?

« Je souffre du psoriasis depuis 1964, raconte Adrien, soixante ans. En 1970, je suis même devenu un « cas », puisque les lésions m'ont envahi à 80 % !... A la limite, j'aurais pu avoir ma photo dans le Larousse médical ! Je n'avais pratiquement plus de peau saine : j'étais dans une coquille... emmuré physiquement et moralement. J'ai tout essayé : la puvathérapie, le Tigason, les goudrons. En vain. Dans les hôpitaux, j'étais devenu le cobaye que l'on exhibe aux étudiants. J'ai terminé ma course chez le petit dermatologue du village, celui qui m'a le plus aidé, car son aide était aussi morale. On vous dira souvent que le psoriasis est une maladie psychosomatique. Avez-vous lu le dictionnaire, pour essayer de comprendre ce terme ? Moi, je l'ai fait. Et depuis quelques mois je suis une psychothérapie « jungienne »... Il y a tout juste un an, j'étais encore atteint à 70 ou 80 %. A ce jour, j'en suis à moins de 10 % ! Ma force ? C'est une nouvelle psychologie, une nouvelle façon de vivre, de penser. Je n'ai de leçon à donner à personne, car chacun vit son psoriasis à sa façon. Mais à mon avis, n'utiliser que de la pommade, cela étale le mal. Il vaut mieux faire le point sur soi-même, avec soi-même. Le dialogue arrange bien les choses. Bref, ne laissez pas votre psoriasis s'exprimer pour vous. Parlez de vous, vous-même... Extériorisez vos sentiments. N'étouffez pas vos rancoeurs, vos désirs... »

Un cas exceptionnel de guérison par psychothérapie ? « Sans doute, répond Christine Moisan, elle-même psychothérapeute à l'hôpital Saint-Louis de Paris. Tout le monde n'est pas à même, ne serait-ce qu'intellectuellement, de subir avec succès de telles thérapies. L'objectif de celles-ci ? Permettre à chacun de faire le ménage à l'intérieur de soi-même et de trouver parfois les événements de sa vie inconsciente qui viennent amplifier les poussées de psoriasis… L'effet placebo peut aussi jouer. Ensuite, la simple énonciation de leurs propres problèmes peut aider certains individus, les soulager et limiter ainsi, indirectement, les lésions cutanées. Une chose est sûre : le soutien psychologique est un appoint essentiel du traitement médical du psoriasis, car cette maladie est toujours mal vécue. »

Verrues et suggestion

Si aujourd'hui, la nature virale des verrues vulgaires et des verrues planes est parfaitement démontrée (le virus en cause appartient à la famille des « papova »), il apparaît que ces lésions peuvent disparaître par simple suggestion, cela dans 40 % des cas. Ainsi, le seul fait de prendre rendez-vous (surtout en chirurgie) suffit souvent à les anéantir !...

Cette idée de faire appel à la suggestibilité du patient n'est d'ailleurs pas nouvelle. Il y a 2 000 ans par exemple, Marcellus, célèbre médecin romain, proposait déjà cette recette venue du firmament : « Lorsque tu verras la nuit une étoile filante, disait-il, essuie immédiatement l'endroit où siègent les verrues. Elles tomberont toutes aussitôt... »

Des recettes efficaces

Au Moyen Age, ces mêmes pratiques magiques se répandirent comme une lave enflammée. L'École de Salerne par exemple, recommandait le sang de rat, le suc de poireau, la fleur de saule... sans oublier *le Petit Albert* qui, au chapitre « Verrues », proposait cet étonnant remède : « Il faut couper la tête d'une anguille vivante et frotter les verrues du sang qui en découle. Puis on enterrera la tête de l'anguille, et, quand elle sera pourrie, toutes les verrues qu'on a s'en iront... »

Toutes ces recettes se sont bien sûr répercutées à travers les siècles et la mémoire de nos grands-mères s'en fait encore aujourd'hui l'écho... « Enlever les verrues ? Très simple », raconte Marie-Cécile, rebouteuse vivant dans une ferme du Finistère. « Je demande à la personne d'aller déposer dans un bénitier une pièce de cinq francs. Quelqu'un finira toujours par la trouver et la ramasser. Il attrapera la ou les verrues. On les lui aura « vendues ». S'il y a échec, c'est que la personne connaissait cette coutume et qu'elle a saisi la pièce avec une cuillère. Il faudra donc recommencer dans une autre église… »

Autre recette, proposée cette fois par un rebouteux poitevin : « Dès que mon patient arrive, dit-il, je lui fais compter ses verrues. Puis j'essaye de le détendre, de le mettre en confiance. Je lui impose les mains et je lui parle de l'influx qui passe. Ensuite, le patient doit aller casser autant de branches d'aubépine ou lancer autant de cailloux qu'il a de verrues… En dix ans, je n'ai connu que sept ou huit échecs. »

Des recettes analogues, on pourrait en citer des centaines, plus saugrenues les unes que les autres. Par exemple, serrer la main de quelqu'un à vingt-deux heures sur une place publique (il récupérera les verrues !). Ou encore, mettre un fil de laine dans la chasse d'eau ; ce fil disparaîtra peu à peu, ainsi que les verrues.

Il suffit parfois d'y croire

Toutes ces pratiques, on le voit, laissent une grande part à la suggestion. Et le résultat obtenu est d'autant plus positif que la croyance en l'efficacité du traitement est plus forte… Mais par quel mécanisme intime ces verrues disparaissent-elles ? Comment expliquer l'influence de facteurs psychiques sur une maladie virale ? Un élément de réponse nous est déjà fourni par les récentes études sur l'immunité naturelle de l'organisme. On sait, par exemple, que les personnes dont les réponses immunitaires sont amoindries (comme les transplantés rénaux ou les cancéreux traités par immunodépresseurs), ont tendance à développer des verrues à caractère profus et rebelle. Cependant, un stimulus émotionnel est à même de renforcer les défenses naturelles et d'anéantir les virus responsables des verrues. Un exemple frappant : les verrues des enfants ont souvent tendance à disparaître à l'approche des fêtes de Noël !

Voilà pourquoi la magie des guérisseurs ne fait plus sourire le corps médical, qui, lui-même, n'hésite plus à recourir à la suggestion pour éliminer ces disgrâces cutanées. Le patron d'un service parisien de dermatologie utilise ainsi un vase chinois rempli d'eau pure ; les malades y trempent leurs mains et les verrues, dit-il, disparaissent bien plus vite qu'avec les thérapeutiques traditionnelles !

La relation médecin-malade est aussi très importante dans le processus de guérison. On a même remarqué que dans les cliniques utilisant la suggestion, le pourcentage de réussite était directement proportionnel à l'importance des fonctions exercées par les praticiens, le patron, obtenant le plus de succès !

Votre enfant est-il sujet aux verrues multiples et récidivantes ?

Les traitements classiques (chirurgie, cryothérapie...) ne viennent pas toujours à bout de ces excroissances de chair. A peine le traitement est-il terminé qu'elles resurgissent de plus belle, parfois dans les huit ou dix jours qui suivent l'intervention. On parle alors de verrues rebelles et récidivantes. Curieusement, ce phénomène n'apparaît que chez certains enfants. On s'est alors posé la question de savoir si ces jeunes sujets ne présentaient pas un profil psychologique particulier, ou si des situations de conflit n'étaient pas à l'origine de ces poussées.

En étudiant quelques dizaines d'enfants porteurs de verrues multiples, un médecin grenoblois, le docteur Jacqueline Mazeran[1], s'est ainsi aperçue qu'un choc émotif

1. Thèse méd., 7 février 1975.

coïncidait très souvent avec l'apparition de ces lésions cutanées. Et de citer Florence, huit ans, qui voit surgir plusieurs dizaines de verrues alors qu'elle apprend son redoublement en CM2, Edith, neuf ans, chez qui l'éruption coïncide avec un départ en colonie de vacances, ou encore Sandrine, onze ans, brusquement séparée de sa mère et immédiatement assaillie de verrues !

Selon le docteur Mazeran, ces enfants en situation de traumatisme ou de frustration ne sont pas arrivés à « digérer » ces tensions, et la seule issue possible a été la voie somatique. Les verrues coïncident d'ailleurs souvent avec l'apparition d'autres symptômes ou troubles : énurésie, succion du pouce, ongles rongés, asthme, spasmes bronchiques, problèmes d'écriture (écriture en miroir). D'autre part, ces enfants sont incapables d'extérioriser leur agressivité. Bien au contraire, ils retournent celle-ci contre eux-mêmes, d'où une grande timidité, une grande inhibition. On remarque également que les pères de ces enfants à verrues multiples sont souvent absents (déplacements professionnels, hospitalisation...), voire « absents moralement » (pères dépressifs). Bien entendu, les verrues ont tendance à disparaître dès que cesse la situation de conflit.

On peut aussi proposer quelques psychothérapies « douces » (relaxation, training autogène). Le traitement le plus répandu consiste à matérialiser le symptôme par l'intermédiaire du dessin : l'enfant dessine sa main ou ses pieds sur une feuille de papier et y matérialise les verrues. Puis il brûle le papier ou transperce les verrues dessinées avec une aiguille ou un trombone chauffé au rouge. Cette opération est répétée régulièrement jusqu'à disparition des excroissances.

« Ce traitement est souvent efficace, remarque le docteur Mazeran, car l'enfant participe activement à son traitement, en prenant conscience de son propre corps et en projetant ainsi au-dehors une part de cette agressivité retournée contre lui.....

Un herpès shakespearien

Avez-vous bien lu « Roméo et Juliette », la célèbre tragédie de Shakespeare ? Si oui, vous avez sans doute remarqué ce détail dénué de toute poésie : Juliette était affligée d'un herpès !... Oh, bien sûr, il ne s'agissait que d'un modeste herpès labial, mais Shakespeare nous en a donné une description clinique très précise...

L'herpès est un fléau vieux comme le Monde ! Il y a deux mille ans, par exemple, l'empereur Tibère tenta d'enrayer une épidémie d'herpès en interdisant le baiser pendant les cérémonies publiques. Plus tard, au XVIIIe siècle, l'herpès était si répandu parmi les prostituées françaises qu'on le considéra comme « la » maladie professionnelle des femmes.

La forme la plus connue de cette affection virale reste, bien sûr, l'herpès labial que le langage populaire nomme « boutons de fièvre » ou « feu sauvage » (ces cloques semblables à des ampoules peuvent aussi surgir sur la langue ou le visage).

L'herpès génital

Plus alarmant est l'herpès génital, une infection qui fulgure aujourd'hui dans les pays occidentaux et surtout aux États-Unis où l'on recense désormais plus de vingt millions d'herpétiques. En France, on estime à cinq cent mille le nombre annuel de poussées herpétiques. Ses symptômes ? Tout d'abord un prurit, une sensation de brûlure, puis l'apparition de petites vésicules transparentes du volume d'une grosse tête d'épingle, réunies en bouquets sur les organes génitaux, les cuisses, l'anus ou l'abdomen. La durée de la douleur et de la sécrétion virale est d'environ quatre jours. Huit à dix jours plus tard, la cicatrisation intervient : une croûte se forme sur le bouquet de vésicules et tombe en laissant une légère trace.

Seul problème, après une première infection, le virus n'est pas expulsé pour autant. Il reste tapi dans l'organisme : il sera votre « locataire » jusqu'à la fin de vos jours. Le mal pourra resurgir quelques semaines, quelques mois ou quelques années plus tard à la faveur de stimuli les plus divers : fatigue, grippe, mauvais état général, rapports sexuels intenses et fréquents, prise de certains médicaments (antibiotiques, corticoïdes). Ces rechutes sont cependant en général moins sévères que la primo-infection.

Psychisme et récidives

Il faut souligner l'importance du psychisme dans ces récurrences herpétiques. Une contrariété, une déception sentimentale, un deuil, un surmenage et voilà le virus sorti de sa somnolence… Le stress, lui aussi, intervient dans la réactivation du virus. Tout ce qui tend à affaiblir nos défenses naturelles incite le virus à sortir de son état latent. Plus étonnant : le remords, le sentiment de culpabilité peuvent parfois susciter des poussées herpétiques. Citons l'exemple de cette femme qui avait des crises d'herpès à chaque fois qu'elle trompait son mari !… Les psychanalystes apparentent cela à une forme d'auto-punition.

Comment contracte-t-on un herpès génital ? Dans 60 % des cas par contacts humains rapprochés, autrement dits sexuels. Pour entrer dans le corps, le virus n'a besoin ni d'une écorchure de la peau, ni d'un orifice. Les muqueuses et la peau tendre qui entourent les organes génitaux sont suffisamment perméables pour lui permettre d'entrer. On ne sait même pas si le préservatif constitue une barrière efficace, car le virus, comme tous les virus filtrants, est à même de traverser les pores du condom. En tout état de cause, il semble exclu de faire l'amour pendant une poussée herpétique : d'abord, les rapports sont douloureux (surtout s'il s'agit d'un herpès vulvaire). Ensuite, il y a bien sûr le risque de passer le virus à son partenaire.

Cependant, l'herpès ne condamne pas à l'abstinence éternelle, mais à une prudence certaine pendant les périodes de crise. Quoiqu'il en soit, cette affection amène aussi de sérieuses turbulences psychologiques (surtout chez les personnes sujettes aux récidives) : anxiété, moral « à marée basse », impuissance psychologique chez l'homme…

Transpiration, couperose, aphtes : gare au stress !

Henri IV, dit-on, se mouchait dans son bonnet, s'épilait avec sa pince à sucre et traînait dans son sillage une redoutable odeur de transpiration… Même constat pour Richelieu. Mais, selon les scientifiques, le célèbre cardinal souffrait vraisemblablement d'hyperhidrose, c'est-à-dire de transpiration excessive…

Quand les sudoripares s'affolent

La sudation est, on le sait, un phénomène naturel, assuré par quelque trois millions de glandes sudoripares réparties sur tout le corps (sauf au niveau des ongles, des lèvres et des organes génitaux). Ces glandes régularisent la température de la peau, purifient le corps au même titre que le rein et participent au processus d'élimination des déchets. Mais parfois, la fonction dépasse le but recherché… Et trop c'est trop ! La transpiration devient alors une nuisance, pour soi-même et pour autrui.

L'hyperhidrose frapperait ainsi 25 % de la population française. Mais tout le monde ne transpire pas de la même façon. Pour certains, ce sont les aisselles ou le bas du dos qui suscitent des émanations agressives. Pour d'autres, ce sont les pieds, le front ou les mains.

Les origines de cette hypersudation sont les plus diverses : elle peut résulter d'un dérèglement de l'hypothalamus, centre de régulation thermique, sous l'influence du système hormonal (comme les sueurs généralisées et brutales de la ménopause). On peut les rapprocher des sueurs dues au trac. Elles sont alors moins profuses, et localisées à la paume des mains et au front. Paradoxalement, les anxiolytiques, qui diminuent le trac, sont peu actifs sur le « symptôme sueur ». Il est préférable de recourir aux bêta-bloquants qui « bloquent » certains effets du système nerveux sympathique. Pour les autres transpirations d'origine émotive ou psychique (contrariétés ou désordres émotionnels), on a habituellement recours aux sédatifs, tranquillisants ou séances de relaxation. Quant au traitement des sudations normales, il fait surtout appel aux produits à base de sels d'aluminium.

Pour une peau de pêche, pas de contrariétés

Autre affection accentuée par le stress : *la couperose.* Cette dermatose correspond, on le sait, à une dilatation permanente des petits vaisseaux du visage, que l'on entrevoit par transparence quand la peau est très fine. Ces disgrâces cutanées (souvent héréditaires) ont tendance à s'installer progressivement, aux environs de trente ou trente-cinq ans, chez les sujets qui ont la peau à la fois fine et sèche (peaux de blonds surtout). Différents facteurs peuvent favoriser leur apparition : les grands froids, les brusques écarts de température, mais aussi les abus de tabac, de café, d'alcool et surtout les stress qui provoquent des spasmes et des éclatements au niveau des capillaires.

Les dartres (ou dermite séborrhéique) sont elles aussi encouragées par les contrariétés. 30 % de la population sont, un jour ou l'autre, touchés par cette dermite qui surgit principalement sur les joues et les ailes du nez sous forme de taches rugueuses et rougeâtres. De formes variables, elles sont aussi légèrement squameuses : il s'en détache une fine poussière ou de petites lamelles de peau. Enfin et surtout, elles démangent ou brûlent de façon parfois intolérable. L'évolution de ces dartres est très capricieuse. Elle se fait par poussées, rythmées par la fatigue, le stress, l'anxiété… Les séances de relaxation (yoga, techniques sophrologiques) sont donc les bienvenues pour limiter ces poussées. Cela dit, il existe une substance chimique très efficace pour effacer ces disgrâces intempestives : il s'agit d'une crème dermique à base de « kétoconazole ».

Dans la bouche aussi

Également liés à l'anxiété, *les aphtes*. Ils représentent un phénomène très fréquent : de 15 à 20 % de la population en souffrent, surtout les adolescents et les jeunes. Ils touchent aussi davantage les femmes que les hommes. Ce sont de petites ulcérations arrondies à fond jaunâtre ou grisâtre, entourées d'un halo rouge. Les aphtes siègent surtout sur les gencives, le palais et la langue et sont très gênants. Pour l'instant, leur origine reste inconnue. Certains pensent à un virus non identifié et, selon les dernières hypothèses du corps médical, ils seraient liés à des facteurs psychosomatiques : choc émotionnel, difficultés professionnelles, troubles sexuels, anxiété, etc.

Cela dit, il n'existe pas de traitement spécifique. Des anesthésiques peuvent être utilisés localement pour soulager la douleur. Des bains de bouche avec de l'aspirine soluble diluée dans un verre d'eau apportent parfois un effet calmant (idem avec les solutions de bicarbonate de soude). La prise de vitamine B peut aussi raccourcir l'évolution et prévenir la réapparition des aphtes.

Un conseil : évitez les aliments susceptibles de les aggraver : gruyère, fruits secs, noix, épices, aliments acides.

Le complexe du lépreux

Si chacun d'entre nous ne peut voir que la moitié de ses 18 000 cm^2 de peau, celle-ci constitue une part importante de notre image corporelle (le psychanalyste français Didier Anzieu parle du « Moi-Peau »). C'est aussi ce que nous montrons en premier à notre entourage. Il en résulte des répercussions psychoaffectives, car présenter à autrui une peau croûteuse, squameuse, implique une sérieuse blessure intérieure : une maladie cutanée, c'est plus ou moins une dégradation de l'image de son corps, une atteinte de son narcissisme (c'est-à-dire une altération de l'image idéale que l'on se fait de soi), avec tout ce que cela peut comporter de dévalorisant et de blessant.

D'où les problèmes psychologiques engendrés par les maladies de peau : dépression, repli sur soi, entreprises de séduction vouées à l'échec, inhibition, isolement social… Le patient réagit à ses lésions comme si elles le désignaient comme un personnage à éviter et à fuir. Les dermatologues n'hésitent d'ailleurs pas à parler de « complexe du lépreux ».

Certains thérapeutes tentent de gommer ces répercussions psychoaffectives par une utilisation du maquillage. Par exemple, masquer un vitiligo du visage par un maquillage de type « covermark ». Les premières expériences réalisées sur des enfants ont ainsi donné à ces derniers le moyens de se représenter tels qu'ils voudraient être. Ces modestes tentatives ont déjà permis d'améliorer le vécu quotidien.

Car, disait le professeur Schouppli : « Les maladies de peau ne tuent pas, mais elles empêchent de vivre… »

Les stigmates des saints sont-ils des phénomènes psychosomatiques ?

10 mars 1918, quelque part dans les ondulations de la campagne bavaroise… Thérèse Neumann, jeune Allemande de vingt ans vaque à ses occupations matinales : soins du bétail, préparation des attelages, des semailles ; des tâches masculines qu'elle assume avec enthousiasme. La robustesse de Thérèse, est, il est vrai, légendaire. « Plus forte qu'un bûcheron et qu'une paire de bœufs réunis », disent ses voisins. C'est à peine exagéré : il faut la voir manier des sacs de cinquante kilos et plus… Mais les pensées de Thérèse sont à mille années-lumière de ces travaux champêtres. Au plus profond d'elle-même, la jeune Neumann rêve de devenir missionnaire. En ce dimanche 10 mars, un événement imprévisible bouleversera soudain sa destinée…

Un métayer vient d'entrer en hurlant dans la ferme. La propriété voisine est en flammes !… Thérèse accourt alors prêter main forte. Mais à la vue des gerbes et des poutres enflammées, elle reste interdite et paralysée d'effroi. Deux heures d'affilée, elle trouve pourtant la force de combattre le brasier, quand soudain une douleur fulgurante lui traverse le dos. Thérèse lâche son seau et s'effondre. Crampes d'estomac, nausées, vomissements vont alors l'assaillir pendant des heures. « Choc nerveux consécutif à l'incendie », diagnostique le médecin du village. Mais quelques mois plus tard, la voilà prise de graves convulsions suivies de syncopes…

Des plaies « miraculeuses »

La santé de Thérèse connaît désormais des hauts et des bas, jusqu'à cette journée de mars 1926. Une vision s'est imposée à son esprit : elle voit le Christ au Jardin des Oliviers. Simultanément, apparaît une violente douleur au côté gauche, d'où s'écoule un peu de sang. Le phénomène durera vingt-quatre heures. Huit jours plus tard, elle pleure des larmes de sang et des plaies ouvertes surgissent à ses mains et ses pieds. A intervalles réguliers, elle revivra ainsi la Passion du Christ, multipliant les extases, les visions et les suintements sanguins les plus divers. Bien évidemment, on accourra du monde entier visiter la « stigmatisée de Konnersreuth », et cela jusqu'à sa mort.

Tout aussi célèbre, Marthe Robin, la trois cent vingt-quatrième stigmatisée de l'histoire de l'Église. Là encore, même phénomène : sur ses mains et ses pieds, coulent, chaque vendredi, le sang des plaies christiques. Idem à son front où le sang perle en rosée sur le tracé de la couronne d'épines. Morte en 1983, la célèbre stigmatisée de la Drôme est aujourd'hui entrée dans la légende au même rang que Padre Pio qui, quarante-sept années durant, présenta des plaies sanguinolentes.

Dès son entrée au couvent, le fameux Père italien n'avait d'ailleurs pas manqué d'intriguer son entourage. Ses accès de fièvre, par exemple, faisaient éclater le thermomètre.

Le 20 septembre 1918, Padre Pio, trente et un an, achève sa prière dans le chœur de la chapelle, quand, tout à coup, des stigmates vont s'ouvrir en cinq plaies visibles. Le phénomène durera près d'un demi-siècle, Padre Pio perdant parfois jusqu'à un verre de sang par jour ! Autre phénomène : des centaines de témoins certifient avoir senti l'étrange parfum qui se dégageait de ses plaies. Ces effluves mystiques (la fameuse « odeur de sainteté » ?) étaient paraît-il, très agréables : parfums de rose, d'œillet, de fleur d'oranger…

Même phénomène chez Saint François d'Assise, le premier stigmatisé de l'Histoire (sa fragrance était légendaire).

Du mysticisme à l'hystérie

« Curieusement, le mot "stigmate" qui signifie "marque au fer rouge" n'est apparu dans le vocabulaire religieux que très longtemps après la mort de Saint François », note le docteur Caffiaux dans une thèse consacrée à ces phénomènes. Autre constat : 80 % des stigmatisés sont des femmes, leurs blessures reproduisant habituellement les plaies du Christ (couronne d'épines, plaies au flanc et excroissances de chair en forme de bourgeons « imitant » les clous de la crucifixion). Ajoutez à cela des extases suivies de léthargie. Ainsi, Thérèse Neumann, dont les hallucinations retraçaient la Passion du Christ ; ou Catherine Emmerick qui, en août 1798, voit apparaître le « Crucifié » qui lui propose de choisir entre deux couronnes, l'une de fleurs l'autre d'épines. Elle choisit la seconde et voit alors du sang perler à son front. Plus tard, en 1802, un ange lui apparaît. Il porte une croix et la lui applique sur la poitrine : le tracé de cette croix va immédiatement s'inscrire dans les chairs de Catherine et persister pendant des jours et des jours. Plus étonnant : sur le tracé apparaissent tous les mercredis, des suintements sanguins !...

Autres phénomènes cutanés répertoriés par le docteur Caffiaux[1] : les anneaux stigmatiques de fiançailles ou d'épousailles mystiques. De réels anneaux inscrits dans le relief de l'épiderme et simulant un « mariage » avec l'Être divin.

Si les stigmates se rencontrent surtout en Occident chrétien, on en trouve aussi chez les ascètes musulmans ; ils reproduisent cette fois les blessures que reçut Mahomet lors de ses batailles.

Bien évidemment, tous ces phénomènes n'ont pas manqué de passionner et de diviser le corps médical. « Symptômes psychosomatiques », disent les uns, en rapprochant

1. Thèse méd. *Remarques sur le phénomène psychosomatique en dermatologie*, 1980.

les stigmates d'une affection bien connue : le fameux purpura psychogène, sorte d'hémorragie cutanée d'origine psychique et caractérisée par l'issue de globules rouges hors des vaisseaux. « Les stigmates de Thérèse Neumann, par exemple, ne sauraient en aucun cas être considérés comme miraculeux », souligne le professeur Jean Lhermitte. Il s'agit là de troubles essentiellement fonctionnels proches de ceux de l'hystérie, une hystérie d'origine émotive et traumatique (sans doute déclenchée par la terrifiante vision de l'incendie). Cela dit, cette psychonévrose ne porte en aucun cas atteinte à la sincérité, ni à la piété de Thérèse Neumann », conclut le professeur Lhermitte.

A l'appui de sa théorie, un constat : les troubles des hystériques ou de certaines femmes névropathes (sueurs et larmes de sang, paupières sanguinolentes, ulcérations de la peau, etc.) sont quasi identiques à ceux des stigmatisés.

La prudence de l'Église

« Les stigmatisés sont de grands croyants à l'émotivité exacerbée », ajoute le professeur Marc Bolgert. « Exact, précisent certains dermatologues. Le psychisme très spécial du mystique pourrait bien agir sur son métabolisme et engendrer des effets physiques apparemment contraires aux lois de la nature. » Une explication que partagent en tout cas beaucoup de théologiens. L'Église, notons-le au passage, reste d'une infinie prudence : « Ces signes sont sûrement exceptionnels, dit-elle, mais pas forcément liés à la sainteté ». Et d'expliquer ainsi l'apparition des stigmates : désir d'imiter le Christ souffrant, sublimation sur un mode religieux et identification hystérique, allant jusqu'à s'approprier corporellement les blessures mystiques. Padre Pio fut d'ailleurs l'un des seuls stigmatisés à pressentir la nature psychosomatique de ses lésions : « Les plaies du Seigneur sont une merveille, disait-il, mais celles des hommes ne sont que corruption des tissus !… »

2

Psychosomatique et pédiatrie

Enfants à problèmes et parents psychotoxiques

La « Madona dall'latte », la Vierge allaitant l'enfant Jésus : un thème cher aux peintres de la Renaissance... Giotto, Lorenzoti ou Duccio nous ont ainsi légué des œuvres pleines d'émotion, de grâce et de douceur. Rien de tel avec Michel-Ange. Ses Vierges et ses mères à l'enfant sont en effet plus que troublantes et ne manquent pas de mettre en émoi le psychanalyste qui s'égare du côté de Rome ou de Florence. Il est vrai que ses Vierges ne montrent en rien la sollicitude affectueuse chère à Giotto ou Raphaël. Elles tiennent l'enfant loin d'elles (d'une seule main de préférence). Pire : elles le repoussent presque, et certaines ne le regardent même pas.

Michel-Ange, il est vrai, n'avait pas « le sens de la maternité », peut-être parce qu'il n'avait presque pas connu sa mère, qu'il a perdue à l'âge de six ans. Sa prime enfance sera aussi marquée par l'absence paternelle. Le jeune Michelangelo a à peine un an lorsque son père, muté à Florence, quitte le berceau familial de Caprese où il exerçait les fonctions de podesta. Le peintre ne le retrouvera qu'à l'adolescence. Au moment de ce départ, sa mère tombe malade. Il sera dès lors élevé par une nourrice.

L'absence du père, voilà l'argument avancé par les psychanalystes pour tenter d'expliquer l'homosexualité future de l'auteur de la « Pieta ». Officiellement en effet, on ne lui connaît qu'une seule liaison féminine, celle qu'il entretint — d'une manière toute platonique d'ailleurs — avec Vittoria Colonna. A-t-il aimé d'autres femmes ? Nul ne le sait. Il faut dire qu'on ne connaît pas toute sa correspondance (il existe dans les Archives de Florence plusieurs liasses de lettres, que Michel-Ange a scellées lui-même et dont il a interdit de briser le sceau). Ses relations avec les jeunes gens sont en revanche parfaitement connues. Faut-il voir dans cette homosexualité une quête de l'amour paternel ? « Oui », répondent les psychanalystes. Ces relations homosexuelles ne sont qu'une manière de dire : « Papa, aime-moi ! » Elles sont le moyen de satisfaire des besoins inassouvis et souvent refoulés. « D'une manière générale, disent-ils, l'homme qui éprouve le besoin inconscient d'être aimé par son père sera attiré soit par le sexe masculin, soit par une femme virile… »

« Viriles » : on ne peut mieux qualifier les femmes peintes par Michel-Ange, dépourvues de toute féminité, figures puissantes et musclées à l'image des Walkyries ou des femmes guerrières de la Bible, telles Judith ou Deborah[1].

Fermons cette parenthèse qui, direz-vous, nous éloigne de la psychosomatique (« Pas si sûr, répondrait Arthur Janov qui, dans *le Cri primal,* remarque que les homosexuels sont plus fréquemment touchés par les maladies somatopsychiques.) Mais cette digression sur Michel-Ange a surtout valeur d'exemple et nous montre l'importance des premières expériences affectives sur l'avenir psychique de l'enfant.

Maman, bobo !

« L'enfance est l'âge d'or de la psychosomatique » dit-on souvent. C'est vrai : vu son « immaturité » psychique, l'enfant ne peut exprimer son mal-être que par des symptômes corporels. Certes, il peut clamer son malaise par des cris et des pleurs. Ceux-ci jouent d'ailleurs un rôle irremplaçable dans les échanges mère-enfant. C'est une sorte de « cordon ombilical acoustique » qui prolonge la relation intra-utérine. Car, dès la naissance, Bébé entend tout : il est

1. *Michel-Ange*, Marcel Brion, Éditions Albin Michel, 1939.

« branché » sur ce qui l'entoure. Il est très sensible à l'ambiance familiale. Aussi, s'il pleure trop souvent ou trop longtemps, faut-il en chercher parfois les raisons dans un climat familial qui ne lui est pas favorable : tension entre les parents, manque d'affection, indifférence, éloignement passager de la mère… Ces cris sont des appels au secours qui se calment avec une réponse adéquate. Car en dehors de cas où les pleurs révèlent une situation d'urgence médicale ou une douleur physique, un enfant qui a avec sa mère de bons échanges, qui bénéficie de caresses et d'attentions, qui vit dans une ambiance sereine et calme, ne pleure pas outre mesure. Si Bébé crie, pas de panique donc, mais une écoute renforcée.

Mais il est des situations où le bébé ne peut exprimer sa souffrance psychologique, voire sa détresse, par des cris ou des pleurs. Le corps va alors devenir le lieu d'expression de ses difficultés psychoaffectives et les symptômes seront des plus divers : eczéma, insomnie, vomissements, etc.

Il est évident que le bébé n'est pas qu'un tube digestif, un organisme animé de réflexes archaïques et menant une vie purement végétative. Il a déjà son univers mental. Certes, dans les tout premiers mois, on ne peut parler que d'un « fonctionnement interactif » entre la mère et l'enfant. « Cette interdépendance avec le fonctionnement psychique de la mère est d'ailleurs l'une des originalités de la psychosomatique du nourrisson », souligne la psychologue Yvonne Poncet. « Un exemple, dit-elle : j'ai eu l'occasion d'observer des mamans qui racontaient leur accouchement douloureux avec force détails. Immédiatement, le bébé assis sur leurs genoux prenait une saisissante expression d'inquiétude et se mettait à pleurer… Le bébé est en effet capable de capter les tensions intérieures de la mère. Par le contact corporel, il peut lire ses émois, ses angoisses ou les conflits qui l'agitent. Autre exemple : dans les jours qui suivent la naissance, la mère a souvent le fameux « post partum blues », sorte de dépression liée à des facteurs à la fois hormonaux, utérins et affectifs. Le bébé peut là encore réagir à ce vague à l'âme par des manifestations corporelles : vomissements, dérèglements du sommeil… »

Cela dit, les souffrances psychologiques du nourrisson sont des plus diverses. Elles peuvent provenir de l'inadéquation des échanges entre un bébé et une mère hyperanxieuse qui finit par devenir envahissante : elle vient voir son bambin toutes les demi-heures, le retourne dans son berceau, le change, se lève trois fois par nuit pour voir s'il respire encore… Cet excès de stimulations et de sollicitations maternelles risque de générer une surtension et une insomnie chez le nourrisson.

Il y a aussi danger lorsque l'enfant vient combler une souffrance affective (mère abandonnée ou relation conjugale de mauvaise qualité). La maman s'investit alors totalement dans son bébé, l'englue dans une relation hyperpossessive, l'enfant prenant une place pervertie dans son affectivité. Dès que l'enfant vient ainsi colmater une relation de couple quelque peu fissurée — ce qui n'est pas son rôle — il peut le somatiser de différentes façons : en faisant de l'anorexie par exemple, c'est-à-dire en refusant de manger. C'est sa manière de dire à sa mère : « Fiche-moi la paix. » Comme il ne peut verbaliser son malaise, il le fait par le biais de la nourriture (l'aliment étant, en temps normal, le véhicule de l'amour maternel).

L'hyperprotection ou l'angoisse de la mère peut aussi rejaillir sur le système ORL de l'enfant, par exemple sous forme de rhinopharyngites à répétition. La mère exerce une telle pression sur son bébé qu'elle l'empêche de « respirer ». Elle l'étouffe au sens propre comme au sens figuré. (Pour certains psychosomaticiens, le nez détecte non seulement les pollutions de l'air mais aussi celles de l'atmosphère affective.)

On peut rapprocher ces symptômes des otites récidivantes, qui sont une manière de se boucher les oreilles afin de ne plus entendre les jérémiades d'une mère hyperangoissée (et les angines à répétition un moyen d'éviter de lui parler !... Angine vient d'ailleurs du mot « angor » qui signifie angoisse).

Parents-enfants : des relations à cultiver

Second type de souffrances génératrices de troubles psychosomatiques : celles qui proviennent d'une carence affective, fréquente chez l'enfant non désiré, l'hostilité des parents déguisée en anxiété pouvant alors provoquer un eczéma. L'enfant qui vient de naître peut être aussi une version décevante (et bruyante !) de celui auquel ses parents avaient rêvé. Il faut alors faire le deuil de l'enfant imaginaire... On sait que le premier-né d'une famille est souvent le réceptacle de tous les désirs, de toutes les attentes des parents, mais aussi de leur problématique non résolue. C'est l'aîné qui en fait les frais !... On sait par exemple que l'asthme peut être héréditaire et se manifester sur trois générations (grand-mère, mère, enfant). Certes, il existe la plupart du temps un terrain prédisposant (fragilité particulière des bronches ou hyperréactivité familiale aux pollens ou aux poils de chat...), mais il faut aussi tenir compte de l'interaction mère-enfant. On peut alors parler d'une « contagion psychique », qui aboutit à recréer chez l'enfant certains problèmes refoulés par la mère.

La souffrance affective d'un bébé peut enfin résulter d'un manque de caresses, de tendresse parentale. Nous verrons à propos de l'eczéma que la peau est la plus étendue des surfaces sensorielles du nourrisson (c'est aussi par la peau, le toucher, le corps à corps avec sa mère qu'il perçoit les messages de celle-ci). Mais le besoin d'être caressé, d'être tenu dans les bras, correspond à une nécessité biologique : la stimulation permanente de l'épiderme sert à maintenir le tonus sensoriel, moteur et affectif. « Les bébés en couveuse à qui on assure un maximum de caresses pleurent moins que les autres, prennent plus vite du poids et sont plus vifs », constate le docteur Leleu dans son remarquable *Traité des caresses*[1]. Ce médecin ne manque pas de noter que les bébés frustrés de caresses manifestent souvent leur détresse par le langage du corps : coliques, vomissements, asthme, eczéma et autres troubles psychosomatiques.

L'amour « équilibré » des parents est donc à même de régulariser les différentes fonctions vitales de leur enfant (sommeil, respiration, alimentation, etc.). Tout conflit affectif grave peut en revanche perturber immédiatement l'une ou l'autre de ces fonctions.

Il faut cependant se garder de faire de la psychologie à l'emporte-pièce en considérant que toute colique ou vomissement correspond systématiquement à une déviance ou une dysfonction de la relation mère-enfant. Le symptôme devra d'abord être examiné sur son versant médical par le psychosomaticien (il peut s'agir d'une banale infection ou intoxication). Mais s'il y a permanence ou chronicité du symptôme, on pourra peut-être envisager un désordre psychosomatique et s'inquiéter alors de la qualité de la relation parents-enfant.

1. Éditions Encre.

L'enfant asthmatique et la « mère-oxygène »

« Madame, si votre enfant est asthmatique, évitez de lire un traité de psychosomatique », disait jadis un célèbre pneumologue. « L'image de marque de ces mères atteint, il est vrai, souvent la zone d'alarme : on les qualifie de mères "rejetantes", "anxieuses", "surprotectrices" (l'hyperprotection masquant bien évidemment un rejet profond !). Bref, elles seraient tellement culpabilisées qu'elles useraient au moins trois ou quatre divans de psychanalystes avant de digérer cette révélation !... »

Qui a lu la vie de Marcel Proust (l'exemple même de l'asthme psychosomatique !) et de ses relations magiques avec sa maman, ne peut guère être surpris par cette forte parole.

Cela dit, ne fait pas de l'asthme qui veut. Une hypersensibilité des bronches, probablement héritée, est tout d'abord nécessaire.

A cela vient s'ajouter un terrain allergique : hyperréactivité aux poils d'animaux, aux pollens de graminées (platane, bouleau...), aux acariens (on en compte quatre mille par gramme de poussière !), etc. Cependant, lorsque la maladie est installée, elle n'échappe plus du tout à l'influence des facteurs psychologiques. Il est courant de voir des crises d'asthme déclenchées par des contrariétés, des difficultés scolaires ou familiales, des émotions fortes. Même un sentiment de joie peut être le détonateur d'une détresse respiratoire : les crises au pied de l'arbre de Noël ne sont pas rares.

Plus étonnante est l'expérience de Mackenzie, qui provoqua une crise d'asthme chez un patient allergique aux pollens de rose en lui montrant une rose artificielle.

Autre anecdote rapportée par le professeur Fernand Destaing[1] : un soir, comme il n'avait pu se rendre à l'Opéra comique pour voir jouer Pelléas et Mélisande, Marcel Proust eut l'idée d'écouter cette pièce qu'il adorait, dans sa chambre par téléphone. « Il aimait surtout le moment où Pelléas sortait de la grotte dans la senteur des roses, raconte le professeur Destaing. Pourtant, à chaque fois qu'il entendait la scène, il était pris d'une salve d'éternuements. » Et là encore, au téléphone, il eut une crise épouvantable.

L'asthme et le psychisme agissent aussi l'un sur l'autre. C'est, il est vrai, une maladie génératrice d'angoisse. Cette hyperréactivité des bronches qui se ferment, empêchant l'air de circuler dans les poumons, crée chez l'enfant qui l'éprouve une peur panique, similaire à celle de celui qui se noie. Cette impression de mourir est intense. Les crises, on le sait, se déclenchent volontiers le soir. Cela s'explique, en partie, par le rôle anxiogène de la nuit : « Le sommeil libère l'inconscient, et l'angoisse, jusque-là latente, s'exagère et déclenche la crise. » (J. Hesse).

Un écueil difficile à éviter : la surprotection

L'asthme se présente aussi comme une maladie très angoissante pour l'entourage. La famille de l'asthmatique est souvent agitée car inquiète, et de ce fait inquiétante. La mère, notamment, aura tendance à couver, à surprotéger son enfant. L'anxiété maternelle est bien sûr liée au caractère alarmant de la sensation d'étouffement et de mort imminente. Dès lors, va s'établir une étrange symbiose entre l'enfant asthmatique et sa mère. Car la nuit, c'est souvent la maman qui vient au chevet de son enfant qui étouffe. Comme l'a écrit René Held : « Entre l'enfant qui court

---

1. *La souffrance et le génie*, Presses de la Cité, 1980.

après sa respiration, et la mère qui guette avec angoisse le retour de la perméabilité bronchique, va s'établir une relation comparable à celle qui existe entre le morphinomane et sa seringue. »

Certains psychanalystes n'ont d'ailleurs pas manqué de souligner le risque pour l'enfant de favoriser, de cultiver cet étouffement, de multiplier les crises pour maintenir la « mère-oxygène » le plus longtemps possible à ses côtés.

Cette surprotection maternelle peut devenir à son tour dangereuse : la maman tisse autour de son bambin une sorte de cocon douillet. Elle lui évite les efforts personnels.

Cette attitude hyperprotectrice, captatrice, va se développer au détriment de sa maturation affective. On en revient là encore à Proust, cet « éternel enfant ». On connaît d'ailleurs sa célèbre réponse à la question : « Quel est pour vous le comble de la douleur ? — Être séparé de maman. » « Même adulte, constate le professeur Destaing, Marcel Proust ne tranche jamais ce cordon ombilical. Pour sa mère, de son propre aveu, "il a toujours quatre ans", ce qui fait qu'elle l'accompagne partout ». A la mort de celle-ci, Proust restera alité pendant un mois, complètement prostré, à la pleurer tout son saoul.

Un appel au secours

Du fait de leur immaturité, les asthmatiques ont en outre du mal à affronter ou à résoudre certains types de conflits. Ils développent alors une angoisse qui se déplace immédiatement sur le circuit respiratoire. Cette crise d'asthme serait donc, selon certains auteurs, un cri réprimé ou refoulé, un appel au secours à la mère, cette « maman-oxygène » qui console et sécurise. Pour conforter cette hypothèse, il faut savoir que les asthmatiques ont parfois du mal à pleurer, à extérioriser leur souffrance. Cette inhibition des pleurs et du cri serait une des causes du symptôme asthmatique. Ne dit-on pas que « l'asthmatique pleure avec ses bronches » ? Inversement, on s'est d'ailleurs aperçu que les crises cédaient dès que l'enfant se laissait aller à pleurer.

Quid du traitement ? Parallèlement aux médicaments indispensables, une analyse des relations familiales s'avère tout d'abord nécessaire. Les réactions des parents, nous l'avons dit, peuvent aboutir à une surprotection, mais parfois aussi à un rejet inconscient (surtout dans les familles nombreuses) : lassitude, indifférence, agressivité envers l'enfant qui apparaît comme un gêneur.

Vient ensuite la dédramatisation, car « l'angoisse du souffle » est vécue non seulement par l'enfant, mais par la famille. Celle-ci évitera les attitudes trop protectrices, l'enfant devant sentir que sa mère est présente, sans anxiété ni indifférence. Précisons cependant que le père a, lui aussi, un rôle déterminant dans les troubles de la relation mère-enfant. Sa personnalité n'est pas toujours très claire. Certains auteurs le décrivent volontiers comme dépressif, incapable d'exprimer son affectivité, lointain (ou absent physiquement de par son métier, ou encore hyperactif sur le plan professionnel).

Dans les cas limites où la famille est vraiment « asthmatogène », on préconise parfois la fameuse « parentectomie » (séparation de l'enfant du milieu familial, soit par un séjour à la montagne, soit dans des services spécialisés). Selon Abramson, 40 % des enfants souffrant d'asthme invétéré et ne répondant à aucun traitement conventionnel, y guériraient très rapidement. Cette solution n'est toutefois pas idéale, car la séparation peut alors créer des mécanismes d'abandon.

Autre étape indispensable du traitement : la relaxation. La sophrologie, notamment, donnerait d'excellents résultats, ainsi que le yoga (on s'est aperçu que les pratiquants de Hatha-Yoga souffrant d'asthme bénéficiaient d'échanges gazeux bien supérieurs à ceux qui ne le pratiquaient pas).

Le spasme du sanglot

Le scénario est toujours identique : à la suite d'une contrariété, d'une frustration ou d'un caprice non satisfait, l'enfant se met à pleurer. Il hurle, s'énerve, trépigne, reprend de moins en moins bien son souffle et soudain s'arrête de respirer. C'est la syncope asphyxique avec perte de connaissance. L'enfant est « comme mort » : il est inerte, violet et ne respire plus. « Fort heureusement, cette perte de conscience dure peu de temps et ne laisse aucune séquelle, mais reste impressionnante », constate la psychologue Yvonne Poncet.

Baptisée « spasme du sanglot », cette forme de crise nerveuse est la cause la plus fréquente de syncope chez l'enfant de cinq mois à trois ans (on ne l'observe plus après six ou sept ans). Dans la plupart des cas, le phénomène est d'origine caractérielle. La relation entre les parents et l'enfant est difficile. L'enfant — généralement turbulent ou coléreux — ne veut pas être contrarié, il entend satisfaire son caprice et exerce un chantage sur son entourage. Il utilise ce type de malaise pour obtenir ce qu'il veut.

Ces spasmes se produisent d'ailleurs électivement lorsque l'enfant se trouve en face de certains membres de sa famille particulièrement faibles, surprotecteurs, anxieux ou crédules.

Que faire devant une telle situation ? Ne pas céder aux caprices de l'enfant et faire preuve d'une autorité calme et continue, conseillent les psychologues. Sinon, celui-ci risque d'en profiter outrageusement par la suite. D'ailleurs, les spasmes ont tendance à cesser le jour où la famille est rassurée et prend le parti de ne plus porter attention aux spasmes.

Cela dit, il existe parfois des cas extrêmes (relation parentale perturbée ; enfant vivant dans une ambiance ou un état affectif pénible) où il vaut mieux faire appel au psychologue.

Ces crises, que l'on confond parfois avec l'épilepsie ou la spasmophilie, peuvent revêtir deux aspects :

- *La syncope bleue* est la plus fréquente. C'est celle que nous venons de décrire ci-dessus. Elle touche surtout les enfants hyperactifs ou agités.
- *La syncope blanche* frappe davantage les enfants paisibles et facilement impressionnables. Elle est toujours provoquée par une frustration. Sous l'émotion, l'enfant devient pâle et perd connaissance. Il s'agit d'une syncope par arrêt cardiaque transitoire qui, là encore, ne laisse aucune séquelle.

Eczéma : les frustrés de la caresse

Au cours des premiers mois de la vie s'établit une étonnante relation fusionnelle avec la mère, une longue liaison, dans un corps-à-corps merveilleux. Il y a bien sûr toute la geste matérielle : la tétée, le bain, les changes… La mère fournit à son enfant une multitude de stimulations sensorielles tactiles : bébé est bercé, cajolé, étreint, caressé… Dans ses bras, il perçoit sa chaleur, sa tendresse, ses vibrations. Il dispose pour cela d'un extraordinaire moyen d'échange et de communication : son enveloppe charnelle, soient 2 500 cm^2 de peau qui recèlent quelques 100 000 récepteurs chargés de capter les stimuli extérieurs et des centaines de milliers de fibres sensorielles reliées au système nerveux.

Un besoin essentiel

Toutes ces sensations tactiles vont d'abord aider Bébé à connaître ses frontières, à acquérir l'image des limites de son corps. Mais elles vont aussi participer au développement harmonieux de son psychisme. Les messages reçus par la peau sont en effet d'une grande importance. Comme ils sont, la plupart du temps, sécurisants et agréables, ils aident l'enfant à se structurer harmonieusement.

C'est par la peau que le bébé capte l'amour maternel (le bain, les changes, etc., sont en effet des moments fortement imprégnés d'affectivité). Cet amour maternel finit donc par s'inscrire dans chaque centimètre de peau et participe à son épanouissement et son bon développement psychomoteur (« l'enfant a autant besoin de tendresse que de lait » dit la sagesse populaire).

L'absence de caresses, en revanche, développera chez lui un sentiment d'insécurité, la caresse étant porteuse d'affection, d'amour et de quiétude.

De nombreuses observations montrent que la privation de contact physique avec la mère peut plonger l'enfant dans un véritable état dépressif. Dans certains hôpitaux américains, des femmes sont d'ailleurs rémunérées pour cajoler, bercer, étreindre des enfants orphelins (ou séparés de leur mère par hospitalisation prolongée).

Quand l'inconscient a décidé de somatiser cette anxiété de frustration affective (par manque de communication tactile), c'est souvent au niveau de la peau qu'il le fait : eczéma, urticaire…

En observant vingt-cinq bébés de moins de deux ans présentant de l'eczéma, le docteur Rosenthal a ainsi montré que la plupart d'entre eux n'avaient pas reçu suffisamment de stimulations cutanées. L'eczéma, par sa forme et les soins qu'il entraîne, peut se lire comme une supplique adressée à la mère pour l'inciter à plus de contacts corporels. « Bref, ajoute le docteur Rosenthal, l'enfant eczémateux est le plus souvent privé des actes quotidiens d'amour, qui consisteraient à le tenir dans les bras, à le caresser en lui disant des mots tendres, par une mère inconsciemment hostile. »

Il est incontestable que la fréquence de l'eczéma du nourrisson est plus grande chez les enfants dont la mère présente une certaine fragilité psychologique.

Une étude de Spitz, réalisée auprès de deux cent trois enfants de mères souffrant de turbulences psychiques, a relevé 15 % d'enfants atteints d'eczéma (alors que le pourcentage habituel chez les mères ne présentant aucun trouble particulier ne dépasse pas 3 %).

Un rejet parfois inconscient

Spitz estime que ce désordre « psychotoxique » reflète une relation mère-enfant inappropriée : la mère éprouve, consciemment ou non, une sorte d'hostilité qu'elle déguise en anxiété. Elle n'a jamais pris plaisir à toucher son enfant, même avant que l'eczéma n'apparaisse. Elle se refuse systématiquement à toute caresse, à tout contact peau à peau (même lors des séances de soins, habituellement si riches en échanges affectifs).

« J'ai eu à soigner deux petites filles, raconte la psychologue Yvonne Poncet. Antoinette, neuf ans, faisait encore pipi au lit. Mireille, sa sœur de deux ans, souffrait d'eczéma. J'ai rencontré leur mère, qui m'a avoué ne pas supporter le sexe de ses enfants. Elle souhaitait ardemment des garçons : elle habillait toujours ses filles en pantalons (prétextant le froid), les coiffait court, etc. Cette femme avait aussi une angoisse immense par rapport à son corps… Elle était quelque peu frigide et vivait très mal son corps sexué. Elle ne se trouvait ni jolie, ni désirable, ni séduisante. Elle acceptait même très mal les tendresses de son mari. Or, qui a du mal à recevoir a forcément du mal à donner.

« Je dirais que toutes les femmes qui ont un problème avec leur enveloppe corporelle (qui sont "mal dans leur peau") risquent de développer des problèmes cutanés chez leurs enfants. »

Une autre étude [1] révèle que les mamans d'enfants eczémateux sont fréquemment des mamans excitées, pressées ; elles ont toujours l'air d'être « débordées » par la présence de leur enfant, comme si celui-ci encombrait leur vie, comme si elles n'arrivaient pas à assumer leur présence… Tous les gestes de la vie quotidienne apparaissent comme

---

1. Fondation Mustela.

des « corvées » qui traduisent l'angoisse intense de la mère à l'idée d'entrer en communication avec son enfant.

Curieusement, cette attitude de rejet maternel est aussi à l'origine d'une autre affection, qui prend souvent le relais de l'eczéma : l'asthme infantile. On retrouve presque toujours dans l'histoire des petits patients le même manque de caresses, de contacts corporels.

Les retards de croissance par carence affective

Si l'on en croit l'Insée, la taille moyenne du Français est désormais de 1,71 m et de 1,65 m pour la Française. Soit 5 cm de plus qu'en 1939… Curieusement, expliquent les chercheurs de cet institut, cet accroissement serait dû (en partie du moins) à la généralisation de la bicyclette à l'après-guerre. Le cycle aurait en effet permis aux jeunes gens d'aller chercher plus loin leurs conjoint(e)s, et de réduire ainsi les mariages consanguins. A cette explication pittoresque, il faut bien sûr ajouter la meilleure qualité de l'alimentation.

Il faut aussi savoir que la croissance d'un enfant est influencée par une foule de paramètres, l'hérédité notamment : des parents petits auront rarement de grands enfants. Ajoutons à cela des facteurs hormonaux : un déficit en hormones explique certaines formes de nanisme (il naît encore mille nains chaque année en France, d'une taille moyenne de 1,20 m).

Les nanismes de détresse

Il existe enfin des « nanismes de frustration » dus à de mauvaises relations parents-enfants. L'enfant rejeté voit alors sa croissance se ralentir et sa petite taille confine parfois au nanisme. Fait surprenant : si l'on éloigne le bambin de sa famille pathogène, il peut alors survenir une stupéfiante accélération de croissance, pouvant atteindre dix centimètres en six mois. Bref, ce « nanisme de détresse » est peut-être l'un des plus étonnants phénomènes psychosomatiques.

Le portrait psychologique de ces enfants est presque toujours identique : ils ont entre trois et dix ans et leur comportement est étrange. Souvent agités, instables, coléreux, ils sont perpétuellement en quête d'affection.

Sur le plan alimentaire, leur comportement est spectaculaire : ils sont boulimiques, gloutons, ils mangent sans cesse, chapardant en dehors des repas, fouillant dans les boites à ordures. Plus troublant : ils manifestent une compulsion irrésistible à boire parfois plusieurs litres d'eau par jour (jusque dans les flaques d'eau et les cuvettes des toilettes !).

Quant à leur aspect physique, il traduit de manière évidente une carence en hormone de croissance (la fameuse somatotrophine sécrétée par l'hypophyse) : front saillant, cheveu fin, peau transparente, visage immature, écrasement de la racine du nez.

Habituellement, ces enfants ne présentent aucun sévisse corporel, mais en revanche, font l'objet d'un rejet évident de la part de leurs parents. Cette carence affective bloque alors la sécrétion d'hormones de croissance. Fort heureusement, cette situation est réversible puisqu'il suffit de retirer l'enfant de sa famille, de le stimuler et de l'entourer d'une affection continue pour voir la sécrétion d'hormones remonter à des taux normaux, dans les dix ou vingt jours qui suivent la séparation du milieu familial.

Dans le même temps, la reprise de la croissance est rapide et importante, et cela sans aucun traitement ou régime alimentaire particulier. Ce « rattrapage » s'accompagne d'une augmentation du volume du crâne et de la masse cérébrale. Fait étonnant : le cerveau grossit parfois plus vite que la boite crânienne, ce qui peut entraîner une altération des sutures (sutures qui se reforment à nouveau si l'enfant retourne dans sa famille pathogène).

Beaucoup d'amour pour bien grandir

De tels phénomènes indiquent de la façon la plus claire que la production d'une hormone essentielle au développement de l'enfant est étroitement liée à l'environnement psycho-affectif. Et il s'agit bien là de « nanisme par souffrance psychologique », car si l'on maintient l'enfant dans son milieu familial et qu'on lui injecte des doses massives d'hormones de croissance, il ne grandira toujours pas.

Il est à noter que ce syndrome peut survenir dans n'importe quel milieu social. Extérieurement, les familles sont d'apparence « normale », et l'enfant est généralement le seul parmi ses frères et sœurs à présenter ce trouble. Lui, et lui seul, est la cible du rejet affectif ou de l'agressivité familiale ! Ce rejet parental (souvent inconscient) apparaît dès la naissance.

Dans une famille de trois enfants, observée par les chercheurs de l'hôpital des Enfants Malades à Paris[1], le père, cadre supérieur, ignorait ainsi parfaitement son second fils qui présentait un nanisme sévère et avait, à douze ans, grandi de dix-neuf centimètres en un an lorsqu'on l'avait éloigné de ce milieu parental. Sa mère le détestait, disait-elle, car il lui rappelait une poupée qu'elle avait haïe lorsqu'elle était petite, (cette mère avait également des antécédents de frustration affective).

Mais en règle générale, les situations sont beaucoup moins claires et la nature exacte du « rejet psychologique » indéfinissable. L'attitude des familles est souvent difficile à cerner et, parfois, ce n'est qu'après un an d'entretiens que le médecin ou le psychologue peut découvrir leur absence d'amour, véritable rejet de l'enfant.

A contrario, le bonheur, l'affection et la sérénité familiale sont donc bien le véritable moteur de l'épanouissement et du développement de l'enfant.

---

1. *Le Monde de la médecine*, 4 juillet 1979, docteurs Escoffier-Lambiotte et G. Raimbault.

Pipi au lit : une tempête intérieure

A la naissance de son petit frère, Magali, huit ans, a recommencé à faire pipi au lit, alors qu'elle avait depuis longtemps acquis la propreté... C'est ce que l'on appelle l'énurésie secondaire. Pas de quoi fouetter un chat. Elle est en général la conséquence d'une petite tempête émotionnelle (dans ce cas précis, l'arrivée d'un bébé dans la cellule familiale). Cet événement, qui a quelque peu perturbé le mode de vie de Magali, a créé chez elle un léger malaise psychique (inconscient sans doute).

Résultat : elle a perdu brutalement ses repères sécurisants et faute de pouvoir verbaliser ce malaise, elle l'a donc exprimé avec son corps (le « pipi au lit »).

Cette énurésie peut être aussi synonyme de régression, d'appel ou de désir d'attirer l'attention : « Occupe-toi de moi, je suis encore petit ! » C'est un appel typique lors de la naissance d'un petit frère ou d'une petite sœur. L'enfant oblige sa mère à s'occuper de lui, comme lorsqu'il était petit et comme elle s'occupe du bébé.

Ces énurésies « secondaires » peuvent avoir d'autres causes : déménagement, entrée dans une nouvelle école, séjour hospitalier, départ en colonie de vacances... Là encore, l'enfant perd ses points de repère rassurants. Mais ces cas sont relativement faciles à dépister et à traiter.

C'est aux parents, bien sûr, de « désamorcer » l'incident en accompagnant l'enfant dans ce moment difficile. Inutile de prendre un air contrarié ou de le réprimander. Les réactions d'énervement ou le fait d'humilier l'enfant ne feraient que conforter le symptôme. L'énurésie deviendrait alors une marque d'opposition à l'autorité parentale. Mieux vaut bien cerner la cause de l'incident, en discuter paisiblement avec l'enfant, et le « pipi au lit » cessera rapidement (ces formes « secondaires » représentent environ 15 à 20 % des énurésies).

Il n'a jamais été « propre »

Toute différente est l'énurésie « primaire ». C'est l'exemple de Marc, six ans, qui n'a jamais cessé de faire pipi au lit. Il n'a jamais été « propre ». On sait que le contrôle des sphincters et de la miction coïncide avec le moment où l'enfant sait monter et descendre un escalier (en général vers deux ou trois ans). Signalons au passage que près de 1 % des appelés au service militaire souffrent encore d'énurésie.

Cette forme primaire, qui est la plus fréquente (80 % des cas), répond à une immaturité à la fois fonctionnelle et psychologique. Elle est favorisée par les apprentissages trop précoces de la propreté (les principes rigides et chronométrés d'éducation peuvent déclencher des énurésies « de revanche »). Elle est aussi encouragée par la surprotection parentale, le maintien en situation de bébé (contexte de puérilisme général) que traduit, par exemple, la protection par des couches. Un conseil : ne jamais en mettre à un enfant au-delà de cinq ans.

Certes, il peut y avoir des causes mécaniques à l'énurésie : volume vésical insuffisant (petite vessie), hypersomnie (l'enfant est enseveli dans un sommeil si profond qu'il peut uriner sans se réveiller), immaturité vésicale (retard de la maturation des commandes nerveuses réglant le fonctionnement de la vessie)…

L'importance d'un dialogue

Cela dit, qu'elle soit primaire ou secondaire, l'énurésie est presque toujours liée à un problème psychologique sous-jacent. Elle est l'indice d'un malaise à comprendre et à résoudre. Mais il ne faut surtout pas dramatiser et envoyer systématiquement en consultation tous les enfants qui font pipi au lit. Si l'on trouve souvent ce trouble chez les psychotiques, dans la majorité des cas, l'énurésie concerne des enfants sans gros problèmes, vivant dans des familles tout à fait « normales ».

« Chez les grands énurétiques, en revanche, on s'aperçoit qu'il n'y a pas de dialogue intra-familial, qu'il y a absence totale de communication entre parents et enfants, explique la psychologue Yvonne Poncet. Je me suis occupée, dit-elle, d'un garçonnet qui, à dix ans, mouillait encore son lit presque quotidiennement. Lorsque je l'ai reçu, il avait dans ses yeux une singulière tristesse. Son père, il est vrai, l'accablait de représailles, lui faisait respirer ses draps imprégnés d'urine, ou laver lui-même son linge souillé. La mère, elle, était indifférente à la situation. Bref, à la maison, l'amour parental était quelque peu effiloché. J'ai eu beaucoup de mal à faire venir le père, une espèce de rustre insondable à la sensibilité primaire : “Les psychologues sont tous des c… m'a-t-il assené, et l'énurésie ce n'est pas mon problème. Voyez avec ma femme…” Bref, c'était le genre d'hommes qui ne se pose pas de questions ou qui ne s'interroge que lorsqu'il y a échec scolaire d'un enfant. Car là, il y a blessure d'amour-propre. Cela les touche. Le “pipi-caca”, en revanche, on le délègue à la mère…

« En discutant avec l'enfant, je me suis aperçue que le père était très autoritaire, presque psychopathe. Il maintenait son fils dans une dépréciation continuelle : “Tu es nul ; tu n'es qu'un bon à rien…” Cette pression sur l'enfant était permanente. Face à cette dévalorisation, le bambin avait fini par avoir une angoisse incommensurable de l'avenir, une peur de la réalité. Résultat : il préférait rester enfant, se réfugier dans un infantilisme perpétuel. »

A ce comportement, les psychanalystes avancent l'explication suivante : les énurétiques vivent dans la crainte, la non-communication, le manque de tendresse. Résultat : ce sont souvent des enfants qui ne dépassent pas le stade génital : ils ne connaissent que le plaisir apporté par le corps (le « pipi-caca »). Ils s'y fixent, comme si le plaisir ou le projet d'amour ne pouvait être que corporel, et ne s'inscrivait pas dans une relation de tendresse ou d'émotion partagée…

Apportez-leur un peu d'amour, de confiance, de compréhension, et vous verrez alors le symptôme disparaître… Le traitement de l'énurésie passe donc souvent par un déconditionnement des parents. Il faut parfois leur expliquer que les récriminations, les mesures de répression ne font qu'accentuer l'anxiété et l'insécurité de l'enfant, entretenant ainsi son trouble.

Il faut aussi leur dire que ce symptôme psychosomatique est l'expression d'un conflit intérieur non résolu et que l'enfant n'y est pour rien. Bien évidemment, il sera souvent souhaitable que celui-ci rencontre le psychologue, qui sera mieux à même de l'aider à mettre des mots sur les conflits qui le tourmentent. Une fois son malaise verbalisé, il n'aura plus besoin de l'exprimer par son corps et « ne mouillera plus son lit ».

Le bégaiement

Quel est le point commun entre Jean-Jacques Rousseau, Clemenceau et Louis Jouvet ? Tous ces hommes illustres bégayaient.

On se souvient aussi de Démosthène, le plus grand orateur athénien. Pour corriger son bégaiement, il déclamait de longues tirades, la bouche pleine de petits cailloux et haranguait les flots pour s'habituer aux rumeurs de la foule. Pendant longtemps, en souvenir du grand homme, on a bourré les bègues de cailloux ! Autres pratiques tout aussi curieuses : les boules de caoutchouc entre les dents, la fourche métallique sous la langue, sans parler des incisions et ablations diverses. Les bègues ont subi au cours des siècles toutes sortes de traitements... sans grand résultat.

Aujourd'hui encore, cette « maladie » demeure mystérieuse. Elle touche pourtant 1 % de la population française (quatre garçons pour une fille). A noter que 30 à 40 % de bègues sont issus de familles de bègues.

Pour expliquer ce phénomène, plusieurs thèses s'affrontent. La psychanalyste Nicole Fabre (auteur de *Des Cailloux plein la bouche*), estime que le bégaiement ne serait qu'un symptôme traduisant un conflit psychique. Celui-ci, inexprimé, reste au fond de la gorge avec les mots qui ne peuvent plus sortir. L'auteur voit donc, dans ce trouble de l'élocution, l'expression d'un problème inconscient et refoulé.

« Pas d'accord, répond un autre spécialiste du bégaiement, Gabriel Nagorny (auteur du *Bégaiement démêle*). Ce trouble, dit-il serait dû à une constriction des cordes vocales, provoquée par l'émotion du moment. Celle-ci empêche la vibration de ces cordes, ce qui ne permet pas l'émission des sons qui constituent la parole. » L'émotivité ne serait donc pas la cause mais la conséquence de ce trouble de l'élocution (qui apparaît généralement entre trois et six ans).

D'autres maux peuvent aussi s'associer au bégaiement : crispations (au niveau des lèvres, de la langue, du larynx et de la poitrine), rougeur, pâleur, transpiration excessive, respiration difficile, et même tics. Ils doivent être traités le plus rapidement possible, l'enfant ayant beaucoup plus de chances de guérir que l'adolescent ou l'adulte.

L'enfant bègue possède une intelligence tout à fait normale. C'est avant tout un hyperémotif. Il est souvent perturbé par une immaturité affective, se montre très dépendant de sa mère. Il se révèle instable, turbulent, irritable ou bien replié sur lui-même, manquant de confiance. Son anxiété se traduit par des rires, des pleurs injustifiés, des troubles somatiques : sommeil perturbé, énurésie. Il se ronge les ongles et suce son pouce après cinq ans. Tout stress augmente son bégaiement, contrairement à l'agressivité qui a un effet bénéfique. Dès qu'il s'exprime sans contraintes, les troubles diminuent, voire même disparaissent. Ainsi, il bégaie rarement dans les jeux ou lorsqu'il s'adresse à son animal favori. Chose curieuse, il articule tout à fait nettement quand il chante. Isolés, les bègues n'éprouvent pas de problème. C'est face aux autres qu'ils ressentent un blocage. De même face à un téléphone, symbole de communication.

Le traitement des bègues est délicat. On compte plus de deux cents méthodes. Cependant, il est en général envisagé sous trois angles :

— orthophonique : exercices respiratoires, relaxation ;

— psychothérapeutique : le bégaiement a souvent pour origine des perturbations psychologiques familiales. C'est alors une réaction d'appel ou de défense de la part de l'enfant ;

— médicamenteux : prescription d'anxiolytiques ou de sédatifs neuro-psychiques.

Les tics

Clignements des yeux, reniflements, spasmes du cou, hochements de tête…, tous ces gestes ou attitudes parasites déclenchent plus souvent l'ironie que la compassion dans les entourages familiaux ou scolaires des enfants qui en sont atteints. A tort. Même si 90 % des tics disparaissent spontanément, ils peuvent être parfois le signal d'une détresse, d'un problème émotionnel ou encore une manière d'appeler à l'aide et d'attirer l'attention sur soi.

Fort heureusement, la grande majorité des tics sont bénins et transitoires. Ils surgissent habituellement entre huit et douze ans, et frappent plus fréquemment les garçons (surtout à l'âge de la pré-puberté).

D'une manière générale, ils apparaissent à la suite d'une perturbation familiale (deuil, divorce, naissance d'une petite sœur ou d'un petit frère), ou d'un conflit psychologique (parents hyperprotecteurs, éducation trop rigide, crainte de l'échec scolaire, changement d'école…). Ces tics augmentent sous l'influence des émotions, disparaissent pendant le sommeil et s'atténuent dans le calme. Ils ont enfin tendance à se dissiper dès que cesse l'événement déclenchant.

Les enfants tiqueurs, eux, sont souvent émotifs, vulnérables, anxieux ou craintifs (peur du noir, de la solitude…) ; ils appréhendent les punitions et semblent très dépendants de leur mère. Divers troubles peuvent s'associer à leurs tics : insomnie, énurésie, gaucherie, bégaiement. A noter que le petit tiqueur peut très bien « suspendre » son tic. Il suffit que vous l'ameniez chez le médecin pour que son problème disparaisse… le temps de la consultation.

Au fait, pourquoi un tic plutôt qu'un autre ? On l'ignore. Il arrive qu'à la suite d'un rhume persistant, l'enfant continue de renifler, ou de se gratter la gorge après une bronchite. Au départ, une maladie réelle a fourni à l'enfant le symptôme privilégié. Dans d'autres cas, l'imitation peut jouer. Tel enfant cligne des yeux ou rejette sa mèche de cheveux en arrière comme son petit copain. Il n'est pas rare que deux membres de la même famille soient atteints du même tic (l'hérédité y étant aussi pour quelque chose).

Voilà pour les tics mineurs. Mais s'ils empirent et persistent au-delà de six mois, il faut s'inquiéter : une névrose est, peut-être, en train de se constituer. Un dépistage précoce permettra d'établir le traitement le mieux adapté à l'enfant : psychothérapie ou séances de relaxation (l'enfant sujet aux tics est très souvent tendu). Quant à l'utilisation des tranquillisants, elle ne doit pas être systématique (risque de somnolence pouvant nuire aux acquisitions scolaires de l'enfant).

Il faut savoir en outre que les punitions et les menaces n'aboutissent en réalité qu'à accentuer les troubles. Inutile également de promettre une récompense, un cadeau ou de l'argent. Adopter une attitude moqueuse, ironique ou agacée, c'est aussi risquer d'aggraver les tics.

L'enfant tiqueur a besoin de repos, de calme et doit être rassuré. Les parents ne doivent pas le surprotéger, mais, au contraire, encourager ses possibilités d'indépendance et d'autonomie, le laisser s'exprimer selon sa nature (les enfants atteints de tics ont parfois des pères autoritaires ou des mères abusives).

3

Psychosomatique et sexualité

Les court-circuités de la libido

Des nus au musée du Louvre ?… Oh bien sûr, il y en a des centaines, y compris dans les très chastes peintures votives de la Renaissance… Mais un éphèbe en érection, voilà qui est plus rare. Certes, les gardiens de la salle des antiquités romaines l'ont très pudiquement retourné vers le mur, mais l'intérêt de cette statue n'a pas échappé aux sexologues. Cette sculpture représentant un homme endormi prouve qu'il y a deux mille ans nos ancêtres savaient déjà qu'il existe un rapport entre le rêve et l'érection. Curieusement, pendant des siècles, on a à nouveau ignoré ce phénomène, jusqu'aux années quarante, date à laquelle un savant allemand nota que, chaque nuit, l'homme entrait en érection à quatre ou cinq reprises pour une durée de vingt minutes. Mais ce savant n'avait pas fait le rapprochement avec le rêve. Ce lien a été établi voici quinze ans par des chercheurs français…

Ce que l'on sait aujourd'hui, c'est que tout homme passe en moyenne quatre ans et demi de sa vie à rêver, soit cent minutes par nuit. Autre remarque : pendant toute la durée d'un songe, nous ne remuons plus du tout et nous cessons même de transpirer… Nos muscles, eux, sont au point mort, à deux exceptions près : nos yeux bougent d'une façon extraordinaire (comme s'ils suivaient un film !). Ensuite, le pénis entre en érection (Cf. les « matins triomphants » de Victor Hugo). La femme, elle, a une érection clitoridienne… On a longtemps pensé que ces érections étaient dues à la pression de la vessie. On sait désormais qu'elles coïncident avec chaque marée onirique, bien qu'elles puissent être supprimées par l'anxiété due aux cauchemars. Curieusement, cette érection s'observe aussi chez le nourrisson et même chez le centenaire le plus délabré.

Ce lien entre rêve et érection n'a pas manqué de passionner les sexologues, car il leur ouvrait de nouveaux horizons pour le traitement des troubles de la sexualité. Au niveau du diagnostic, notamment : on sait par exemple que l'impuissance psychologique n'empêche pas l'érection pendant le rêve. L'impuissance d'origine vasculaire (ou diabétique), elle, en revanche, l'interdit. Les erreurs de diagnostic deviennent donc impossibles. Cela dit, il existe d'autres moyens de déterminer l'origine organique ou psychique d'une impuissance. Un test pharmacologique à base de papavérine, couplé à une stimulation sexuelle visuelle (films érotiques) avec mesure de la rigidité pénienne, apporte dans 95 % des cas une réponse immédiate.

La panne d'origine organique

L'écrivain Stendhal (en connaisseur !) l'avait baptisée le « fiasco »... Les médecins, eux, parlent de « dysfonction érectile ». Et les deux millions de Français qui en souffrent la connaissent plus prosaïquement sous le nom d'impuissance. Si son origine psychologique ne fait aucun doute dans 60 à 70 % des cas, elle peut être aussi liée à des causes organiques (problèmes vasculaires notamment). Mais dans ces cas précis, il existe aussi une composante psychologique.

Selon le corps médical, le profil de l'impuissant coïnciderait avec celui du candidat à haut risque pour une crise cardiaque. Il s'agit d'un homme anxieux qui a passé les quarante-cinq ans, qui est un gros fumeur et un gros mangeur. Ceux qui souffrent d'hypertension artérielle et d'élévation du taux de cholestérol seraient parmi les plus menacés (20 % des hypertendus sont tôt ou tard victimes d'impuissance). Idem pour les hommes atteints par l'athérosclérose : ces dépôts qui entartrent les veines et artères finissent par réduire ou empêcher l'apport de sang dans les corps caverneux et dans la fameuse artère « honteuse » (c'est son nom !) qui alimente le pénis. Résultat : l'érection flanche. Parfois, ce sont des fuites veineuses qui provoquent le fiasco.

Une bonne raison pour arrêter de fumer

Sexe et tabac font aussi mauvais ménage. C'est ce que révèle une étude du Comité national contre le tabagisme, qui souligne le lien statistique évident entre la consommation excessive de cigarettes (plus de quinze par jour) et l'impuissance. Ainsi, en examinant quatre cent quarante impuissants, deux médecins français (les docteurs Virag et Brouilly) ont trouvé parmi eux 62 % de grands fumeurs, alors que le pourcentage n'est que de 36 % dans la population générale d'âge comparable. Autre constat : les fumeurs lèsent précocement leurs artères sexuelles, surtout s'il existe un ou plusieurs autres facteurs de risque associés (diabète, hypertension, hyperlipidémie). Enfin, lorsqu'on connaît les effets de la nicotine et de l'oxyde de carbone sur les artères, et particulièrement sur les vaisseaux capillaires dont les organes sexuels sont remplis, il n'y a pas lieu de s'étonner qu'ils puissent être sérieusement affectés..

Quelquefois, la chirurgie peut rétablir le courant sanguin nécessaire à l'érection (en rattachant certaines artères du pénis à un greffon veineux branché sur l'artère fémorale). Mais les résultats de ces interventions microchirurgicales sont aléatoires… A tous ceux qui ne souffrent pas de pertes veineuses importantes, une thérapeutique récente est offerte : l'injection de papavérine sur une durée pouvant atteindre six mois. « Ce produit, dérivé de l'opium, entraîne dans 80 % des cas une érection, et 66 % des hommes ainsi traités ont retrouvé une vie sexuelle satisfaisante », indique le docteur Ronald Virag, chirurgien et directeur du Centre d'étude et de recherche sur l'impuissance. « Seulement, l'efficacité de cette papavérine est nettement diminuée chez les fumeurs de plus de vingt cigarettes par jour. »

Autre remarque : les effets du tabac majorent aussi l'anxiété de la performance sexuelle. Ce stress freine le déclenchement normal de l'érection et la verge reste au repos. Deux savants tchèques ont ainsi démontré qu'en faisant inhaler à des chiens l'équivalent de la fumée d'une cigarette, on obtenait une diminution notable de leur érection.

Cela dit, il ne faudrait pas attribuer au tabac toutes les pannes sexuelles. Le diabète, lui aussi, explique ces défaillances.

Alcool et médicaments contre-indiqués

Quant au rôle de l'alcool dans les déroutes sexuelles, il est établi depuis bien des lunes. « L'alcool provoque le désir, mais éloigne la performance… » Voilà ce qu'écrivait Shakespeare dans *Macbeth*. Le célèbre tragédien avait vu juste. On sait aujourd'hui que l'excès de boisson fait baisser le taux d'hormones mâles (la testostérone) dans le sang. Le désir est là, la tête « voudrait bien » mais la machine vasculaire tourne à vide ; l'érection fléchit ou devient laborieuse.

Accusés également, les médicaments. Selon le professeur Gabriel Arvis de l'hôpital Saint-Antoine à Paris, un quart des impuissances trouverait leur origine dans la consommation de certaines molécules chimiques. Il semblerait que ce soit les antihypertenseurs qui perturbent le plus souvent la fonction sexuelle. Une récente étude dénombrait ainsi quatre cent un cas d'impuissance sur mille cent quatre-vingts hypertendus sous traitement.

Autres responsables : certains diurétiques, hypocholestérolémiants, anti-ulcéreux, neuroleptiques, antidépresseurs… Heureusement, ces impuissances sont souvent réversibles. Et plus la durée de la prise du médicament est courte, plus les chances de retour à la normale sont grandes.

L'impuissance psychologique

Par leur seule force verbale, certains sorciers africains arrivent, dit-on, à rendre impuissants leurs ennemis faits prisonniers, bref, à mettre leur *bengala* au point mort (le *bengala* étant le sexe de l'homme). Bel exemple d'impuissance psychogène. Là, bien sûr, la « sentence » est prononcée magiquement et le sujet s'y sent soumis de façon inexorable.

En France, les historiens ont pu signaler de telles épidémies collectives d'impuissance, la plus célèbre étant celle qui frappa certaines populations huguenotes aux XVe et XVIIe siècles. Là encore, ces impuissances avaient été suscitées par des sorciers de village.

Bien entendu, l'impuissance n'a pas manqué d'exciter la verve des chansonniers et des écrivains : « Vous autres les femmes, vous pouvez toujours, tandis que nous… » disait ainsi Sacha Guitry.

La très délicate chimie des émotions

Ce point de vue ne fait pourtant guère sourire les hommes dont la libido est ainsi court-circuitée par des facteurs psychogènes. Ces défauts d'érection peuvent d'abord provenir d'un choc émotionnel : « L'effet du stress est aussi sûr que le bromure dans le quart du soldat », constate J. Rousselet-Blanc dans *L'homme intime*[1]. Cette influence de

1. Éditions Hachette.

l'émotion sur la qualité de l'érection s'éclaire aujourd'hui à la lumière des données scientifiques. On sait qu'il existe dans certaines zones du cerveau (l'hypothalamus et le rhinencéphale notamment) des centres spécialisés liés à la fonction sexuelle : orgasme, extase, etc. Ces zones sont aussi chargées de réceptionner tous les messages psychiques, sensoriels, érotiques, ainsi que les images fantasmatiques. Que survienne une grosse contrariété (rupture professionnelle, échec sentimental…) et voilà l'électrochimie du cerveau bouleversée. Résultat : le système neurovégétatif (la partie du système nerveux qui agit sur nos fonctions inconscientes et involontaires) perd sa capacité de régulation circulatoire et ne permet plus le remplissage sanguin des corps caverneux de la verge… Le désir est peut-être présent, mais il n'y a plus de courroie dc transmission !

Baisse de libido et impuissance sont aussi la traduction d'une angoisse latente : l'anxiété sexuelle principale étant l'anxiété de performance, encouragée il est vrai par les médias qui n'en finissent pas de véhiculer des images de « sexman » ou autres « Tarzans des étreintes ». Or, dans le domaine sexuel, il est parfois difficile de vivre au-dessus de ses moyens…

L'angoisse de l'échec

Un sentiment d'infériorité physique, ou la crainte d'une remarque ironique de sa partenaire peut aussi faire fléchir l'érection. Idem avec le coup de foudre : un individu mis en présence d'une amazone d'une affolante beauté peut voir sa libido rester désespérément sur la position « relax ».

Ajoutons à cela l'obsession du grand pénis. A ce propos, Ernest Hemingway raconte dans *Paris est une fête* combien Scott Fitzgerald était tourmenté par l'idée de « l'avoir petite »… Après avoir gravement examiné le membre en question, Hemingway le réconforta en lui disant que son « épiphénomène » était de dimension fort respectable et qu'il n'avait aucune raison d'avoir du vague à l'âme. Pour le rassurer encore davantage il l'emmena sur-le-champ au Louvre où Fitzgerald put comparer sa « virilité » aux statues phalliques de l'antiquité grecque…

L'impuissance peut en outre être liée à des facteurs situationnels et ne se manifester qu'en certaines occasions. Ainsi, un homme peut être impuissant avec sa maîtresse mais pas avec sa femme, ou l'inverse. La difficulté d'érection peut enfin être la conséquence de conflits non résolus de l'enfance : père autoritaire ou castrateur, attitude paternelle dévalorisante à l'égard de son enfant, qui finit par avoir une énorme difficulté d'identification à l'image du père ; il s'installe alors dans son esprit un sentiment de doute. A l'âge adulte il sera parfois conduit à douter de sa propre virilité. Que survienne un gros traumatisme (licenciement professionnel, déboires financiers, vexation amoureuse), celui-ci va immédiatement réactiver ce doute, écho d'un lointain passé, et fragiliser ou inhiber sa capacité d'érection. Pire : une fois qu'un échec a été ressenti, le cercle vicieux risque de se développer et d'engendrer de nouveaux insuccès. Le mécanisme peut s'auto-entretenir et générer une spirale de l'échec…

Une psychothérapie bien menée, liée à des exercices de relaxation peut, fort heureusement, lever ces mécanismes inhibiteurs et permettre au sujet de contrôler l'anxiété responsable de son trouble et de la surmonter.

Un marché fort lucratif

Quant à l'obsession de la puissance virile et de son fonctionnement ad hoc, elle a permis le développement de tout un marché de substances prétendument aphrodisiaques. En Afrique, par exemple, on se gave de noix de cola. Cette graine est d'ailleurs au continent africain ce que le ginseng est à l'Asie. Ce serait, dit-on, le seul dynamisant autorisé par le Coran pour la préparation de boissons stimulantes sans alcool.

Le marché mondial du ginseng, lui, est phénoménal (dans le seul Sud-Est asiatique il dépasse les six cents milliards de centimes !). Aujourd'hui, on n'en compte pas moins de trente variétés et la demande est telle que nombre de cultivateurs de l'Ouest américain se sont reconvertis dans la culture de cette racine aphrodisiaque bien plus rentable que le maïs…

La pharmacopée chinoise, elle non plus, ne manque pas de toniques sexuels : pattes de cigales passées à la vapeur de gingembre, os de tigre, etc. Le trafic d'os de félins est d'ailleurs tel que la Chine populaire vient d'interdire ce genre d'exportation, tout comme elle a prohibé la vente des fossiles les plus divers, craignant la destruction des vestiges du passé. Un seul exemple : les os de l'« Homme de Pékin » précurseur de l'homo sapiens, découverts en 1927 dans une caverne proche de la capitale. Ces os ont disparu en 1945. On est à peu près sûr que ces précieuses reliques, d'une valeur inestimable, ont été transformées en substances soi-disant aphrodisiaques !

Éjaculation prématurée : l'amour à l'heure du chronomètre...

Même les héros ne sont pas à l'abri du pire : Clark Gable avait un dentier, Nietzsche des hémorroïdes et Goethe, le célèbre poète allemand, souffrait d'éjaculation précoce. Bref, l'auteur de *Werther* était si rapide en amour qu'il avait parfois du mal à dispenser des extases tantriques à ses partenaires... et le plaisir passait chez elles comme une lame de fond...

Un trouble fréquent

Selon les sexologues, l'éjaculation prématurée représenterait aujourd'hui l'essentiel de leurs consultations masculines (et cela bien avant l'impuissance). Le docteur Pierre Solignac[1] lui, estime à 52 % le nombre d'hommes affectés par ce trouble, qui finit souvent par miner l'équilibre du couple. C'est vrai : tout acte sexuel ne se vit bien qu'à deux et il n'est de plaisir que partagé (« coït » signifie d'ailleurs « aller ensemble »).

Il n'est pas facile de donner une définition précise de l'éjaculation précoce. Elle est parfois si fulgurante qu'elle survient avant même l'intromission vaginale de la verge. C'est la fameuse éjaculation « ante portas ». L'émotivité du sujet est tellement incontrôlable que sa capacité de self-

1. *Le Temps d'aimer*, Éditions P.M. Favre.

control disjoncte et qu'il expulse son sperme à la seule vue de sa partenaire (ou à la moindre caresse).

Deuxième cas de figure (le plus répandu) : l'homme ne fait pas plus de cinq ou dix va-et-vient dans le vagin de sa partenaire et l'orgasme surgit de manière inexorable (en général en moins de cent secondes).

Dernière hypothèse : l'éjaculation « instable ». Le sujet se contrôle habituellement très bien, mais en certaines circonstances (changement de partenaire, environnement stressant, rapport sexuel après une longue période d'abstinence...), il est incapable de maîtriser son plaisir.

Masters et Johnson, les deux célèbres sexologues américains, eux, proposent une définition moins « chronométrique » de l'éjaculation prématurée : « C'est, disent-ils, l'incapacité de contrôler le processus éjaculatoire assez longtemps pour satisfaire la partenaire, dans plus de 50 % des cas... » Il faut, bien sûr, exclure les cas de femmes frigides, anorgasmiques ou nymphomanes, chez lesquelles l'orgasme est capricieux ou absent.

Une pulsion naturelle

Pour le docteur Jacques Waynberg (sexologue attaché à l'hôpital Saint-Antoine et directeur de l'Institut de sexologie), l'éjaculation précoce devrait en fait être la norme, mais c'est l'évolution de l'homme, et sa découverte de la fonction érotique, qui l'ont amené à pratiquer un coït prolongé. « Les racines de l'éjaculation, dit-il, en font un acte instinctuel aussi puissant que la faim, la soif ou la fuite. L'érotisme n'existe que depuis quarante mille ans, mais la pulsion génétique nous est commune avec les grands mammifères. A un certain moment de l'évolution humaine, il n'était pas question de faire durer le plaisir. Trop de dangers (animaux sauvages, éléments déchaînés) menaçaient un acte coïtal précaire qui assurait simplement la perpétuation de l'espèce. En quelques secondes, tout était dit. Mes recherches me permettent de croire que l'homme conserve une mémoire génétique de ce temps-là » (Déclaration au *VSD médical*, n° 29, 1982).

« Bref, poursuit le docteur Waynberg, l'éjaculation prématurée est a priori normale. D'ailleurs à l'"état sauvage", l'homme éjacule lors du coït dans un délai inférieur à cinq secondes, comme la quasi-totalité des espèces de primates. »

Poursuivant ses observations, Jacques Waynberg constate que la quasi-majorité des garçons inaugurent leur sexualité en éjaculant en moins de trois secondes après l'intromission vaginale. Pour lui « l'éjaculation prématurée est la ligne de départ, le point zéro de la vie sexuelle masculine, la norme initiale ». Partant de ce constat, 50 % de ces jeunes vont rester marqués par cette expérience toute leur vie. Ayant mal vécu le premier rapport sexuel, le corps va mémoriser cet échec et, à chaque nouvelle tentative, il le reproduira.

Les 50 % restants eux, connaîtront l'épanouissement sexuel en ayant l'élégance d'amener leur partenaire à l'orgasme… Ce que l'on sait aujourd'hui, c'est que l'éjaculateur prématuré passe directement de la phase d'excitation à l'orgasme (et cela d'un seul coup, sans respirer !). C'est la « phase de plateau » qui n'existe pas chez lui. Cette « lacune » est bien sûr très mal vécue. Et il n'est pas seul concerné : il y a la partenaire, dont la frustration et les tensions physiologiques finissent par atteindre la zone d'alarme.

L'homme, lui, devient de plus en plus anxieux, donc de plus en plus rapide. Il aura même tendance à espacer les rapports qui sont pour lui synonymes d'échecs, mettant en évidence son incompétence et ravivant son sentiment de culpabilité, mais cela ne fera qu'aggraver le trouble. Le climat affectif du couple risque alors de se fissurer. Une dépression, voire une impuissance secondaire, peuvent s'installer chez l'homme (peuvent également surgir d'autres troubles psychosomatiques).

Quand le cerveau s'emballe

Diverses particularités physiques sont toutefois à même de favoriser l'éjaculation précoce : prépuce trop serré, frein trop court, hyperréactivité ou hypersensibilité du gland aux stimuli sexuels.

Mais ce trouble de la fonction sexuelle relève avant tout de causes psychogènes : on sait que très souvent l'éjaculateur prématuré a été un enfant mal aimé, insuffisamment entouré, ou culpabilisé par une éducation répressive. Il traîne toute sa vie une sorte d'angoisse infantile, un sentiment de mésestime de la part d'autrui, une inhibition psychologique, un manque total de confiance en soi. Il est parfois persuadé que personne ne peut l'aimer. Et dès qu'une femme lui offre son amour, son corps, il est tellement subjugué que certaines zones du cerveau s'affolent et que l'éjaculation devient incontrôlable. Le bonheur et l'émotion sont si intenses que le simple contact de la vulve ou du vagin agit comme un détonateur et provoque un orgasme immédiat.

Quant aux traitements de l'éjaculation précoce, ils sont nombreux mais d'efficacité inégale ou relative.

• Pour réduire l'excitabilité du gland, on a d'abord proposé des anesthésiques locaux (à base de lignocaïne) sous forme de crèmes, d'huiles ou de sprays. Mais il s'agit de bien les doser, sinon la capacité d'érection devient nulle (la verge est, elle aussi, anesthésiée). Ajoutons à cela le risque d'endormir, à leur tour, les sens de sa partenaire (mieux vaut donc mettre un préservatif).

• Le docteur Waynberg, lui, aurait obtenu 65 % de résultats positifs avec les alpha-bloquants, un médicament traditionnellement utilisé pour diminuer les effets du stress et des émotions sur les sujets prédisposés aux accidents cardio-vasculaires. Lorsque nous sommes émus, notre organisme sécrète en effet de l'adrénaline qui contracte soudainement les vaisseaux et stimule l'activité de nos organes. D'où l'idée du docteur Waynberg d'étendre l'utilisation de ces alpha-bloquants au traitement de l'éjaculation prématurée : en régularisant les décharges d'adrénaline, ils ralentissent la sécrétion du sperme et peuvent donc aider à maîtriser le rapport sexuel.

• Certains neuroleptiques et anxiolytiques *(Anafranil, Melleril)* permettraient aussi un excellent contrôle de l'éjaculation par effet de sédation sur l'anxiété.

Le syndrome de Don Juan ou l'éjaculation impossible

De Molière à Pouchkine, en passant par Montherlant ou Denis de Rougemont, le mythe de Don Juan n'a pas manqué de séduire et d'inspirer nombre de poètes et de dramaturges... Le septième Art — avec la complicité d'Errol Flynn et de Douglas Fairbanks — s'est lui aussi emparé de ce héros légendaire, de ce grand séducteur devant l'Éternel... Mais notre Don Juan occupe aussi une place de choix dans le domaine de la psychosomatique et plus précisément au niveau de la problématique sexuelle. Il s'avère en effet que Don Juan avait beaucoup de mal à éjaculer, malgré un désir et une érection tout à fait normaux. A cela, les psychanalystes avancent l'explication suivante : Don Juan, que l'on trouve aussi dans la vie courante, cherche tout au long de sa vie à conquérir les femmes. Il les a, il les possède ; bref, ses entreprises de séduction sont toujours vouées au succès. Mais il est condamné à la frustration à perpétuité du fait de son éjaculation retardée ou impossible. Car cette quête continuelle de la femme est en fait une recherche effrénée de la mère. En possédant une femme, il imagine être avec sa mère, illusion qui bien sûr suscite le dégoût et une impuissance à éclipses (ou un plaisir physique diminué). Cette perversion affective engendre en quelque sorte une certaine « dégénitalisation ».

L'éjaculation retardée ou l'anéjaculation peut également signifier un refus de procréation (surtout si la partenaire ne dispose pas d'une contraception), ou signaler un sentiment d'insécurité qui empêche l'homme de s'abandonner.

Une remarque : la prise de certains médicaments (notamment les antidépresseurs) peut générer des anéjaculations.

Les grossesses nerveuses

C'est peut-être le plus spectaculaire des phénomènes psychosomatiques : il nous montre en effet combien une envie intense de maternité ou une idée délirante de grossesse peut mystifier le corps lui-même. La femme souhaite si ardemment être enceinte que son corps finit par le croire et présente tous les symptômes extérieurs de la gestation : les règles s'arrêtent, les seins se gonflent, les aréoles se pigmentent (on a même parfois vu des sécrétions lactées). Ajoutons à cela des nausées matinales, des vomissements, des fringales… Des pseudo-mouvements fœtaux peuvent exister et l'on peut même assister à des douleurs liées à un travail imaginaire !… Plus étonnant encore : le ventre gonfle et simule une réelle grossesse en s'emplissant d'air (par stockage de gaz intestinaux).

La patiente est tellement hypnotisée par son désir de grossesse qu'elle achète des vêtements amples, de la layette pour le futur bébé et éconduit, parfois de manière péremptoire, quiconque s'avise de lui prouver qu'elle n'est pas enceinte.

Tout gynécologue a été, au moins une fois dans sa vie, confronté à de telles grossesses nerveuses. Bien évidemment, les premiers examens biologiques se révèlent négatifs, et, plus tardivement, l'examen radiologique confirme l'absence de fœtus. Le praticien doit alors se montrer très diplomate et imaginer une « porte de sortie » honorable à la femme. Une psychothérapie sera enfin bien souvent nécessaire pour rétablir l'équilibre psychosomatique de telles patientes et découvrir les motivations profondes qui expliquent ce besoin de maternité.

Certains praticiens ont essayé d'endormir ces femmes pour simuler un accouchement. Mais les résultats n'ont guère été convaincants, l'idée délirante de grossesse refaisant toujours surface.

Les «pseudocyesis» (nom scientifique de ces grossesses imaginaires) sont en fait connues depuis l'Antiquité. Hippocrate nous en a rapporté douze cas.

Mais la plus célèbre reste celle de Marie Tudor, fille d'Henri VIII et première reine d'Angleterre. Elle fut, on le sait, mariée à Philippe d'Espagne, lui-même fils du puissant empereur Charles-Quint. Son mariage fut particulièrement éblouissant. Philippe était arrivé d'Espagne avec une armada de cent navires. L'amiral de Castille en personne commandait la flotte et à bord des vaisseaux se trouvaient les marins les plus illustres de l'Espagne alors si fière de ses navigateurs.

En venant ainsi chercher une royauté en Angleterre, Philippe obéissait surtout à l'idée de satisfaire son père et de rendre service à l'Espagne. Mais hélas, le physique sans attrait de son épouse n'éveillait guère ses sens. En lui-même, il pensait que dès qu'un premier enfant serait né — unissant ainsi l'Angleterre à l'empire d'Espagne —, il quitterait ce pays à jamais. Marie Tudor, elle aussi, désirait ardemment un héritier, surtout pour déjouer les projets de sa sœur, l'ambitieuse Élisabeth, et rendre ainsi la sécurité à son trône. Seulement, la maternité tardait à venir… Quand, soudain, Marie se mit à grossir de manière démesurée, elle se crut enceinte. Neuf mois passèrent. Le berceau était prêt, mais toujours pas de délivrance…

«Les médecins de la reine, malgré toute leur bonne volonté, étaient naturellement fort impuissants à hâter la naissance», raconte l'un des biographes de Marie Tudor[1]. «Marie s'était rendue à Hampton Court, où les conditions

1. *La Reine Marie Tudor*, D. Henderson, Payot 1934.

étaient plus favorables pour son accouchement. Elle passait son temps à lire la prière pour la délivrance de la femme en couche... La populace, sous les fenêtres du palais, s'impatientait. Des courriers, chevaux sellés, étaient prêts à porter la nouvelle aux quatre coins de l'Angleterre et à l'étranger. Philippe et Marie, en joyeuse anticipation, avaient écrit une lettre commune au cardinal Pole lui annonçant la naissance d'un prince ; la date restait en blanc.

A la fin, comme il devenait évident que le peuple s'ameutait, la nouvelle fut répandue à Londres que Marie venait de donner naissance à un fils... Clameurs, feux de joie, feux d'artifice, *Te Deum* à la cathédrale Saint-Paul... En vérité, il n'y avait rien du tout, même si Marie Tudor affirmait encore à ses médecins qu'elle sentait l'enfant remuer. Et les mois s'écoulaient, dix, onze, douze. L'état de la reine faisait alors l'objet des plaisanteries les plus grossières.

Enfin cependant, la vérité se fit jour. Un médecin irlandais fort savant avait été appelé à la cour. Il examina la reine, fit son diagnostic et eut le courage et le bon sens de parler sans ambages. La reine ne portait point d'enfant. C'était une grossesse nerveuse. L'esprit de Marie fut alors plongé dans un tel torrent d'humiliation et de chagrin qu'elle en resta définitivement troublée. Ainsi stérile, elle ne put retenir l'amour de Philippe d'Espagne qui s'en alla vers d'autres horizons.....

Les stérilités psychogènes

A l'heure actuelle, un couple sur cinq serait « stérile ». Encore faut-il s'entendre sur ce terme. Un homme et une femme sont considérés comme tels lorsque, au terme de deux ans de rapports sexuels réguliers, ils n'ont toujours pas réussi à avoir d'enfant… Pendant des siècles, la femme a été tenue pour seule responsable de cette situation. On sait désormais que dans 50 % des cas, l'homme est également impliqué dans cette infertilité.

Quant à la stérilité féminine, elle est stigmatisée depuis les temps bibliques : Sarah, par exemple, en souffrait, ce qui poussa Abraham à faire un enfant avec sa propre servante. Ivre de jalousie, Sarah eut alors un tel choc psychologique qu'elle se retrouva enceinte quelques semaines plus tard !…

C'est dire que la fécondité est souvent sous la coupe de l'inconscient. Même chez les animaux, l'ovulation n'obéit pas toujours à de simples phénomènes mécaniques. On sait que la pigeonne ne peut ovuler si elle est toute seule. En revanche, elle ovule tout à fait normalement une fois placée à côté d'un autre pigeon (et même d'une pigeonne !) ou, plus curieusement, lorsqu'elle voit sa propre image dans un miroir. Tous les éleveurs savent aussi que les poules pondeuses perdent leurs œufs lorsqu'elles sont stressées ou soumises à de fortes frayeurs.

Un mécanisme très délicat

Chez l'être humain, il existe bien évidemment une relation entre choc émotionnel et infertilité. Un traumatisme psychologique peut notamment suspendre la ponte ovulaire, modifier la glaire cervicale, créer des spasmes à même d'obturer les trompes, empêchant ainsi le passage du sperme et de l'ovule... Chez l'homme, la fatigue psychique chronique a parfois été impliquée dans l'hypofertilité. Le stress peut lui aussi inactiver le sperme et le rendre incapable de pénétrer dans l'ovule.

Plus étonnant, des autopsies réalisées dans les camps de concentration nazis ont révélé que des femmes condamnées à mort avaient vu leur appareil génital et reproducteur considérablement détérioré par l'angoisse de l'exécution.

Autre forme d'angoisse, celle générée par la hantise d'être stérile, de ne pas offrir d'héritier à son mari ou à sa famille. N'oublions pas que pendant des siècles, la femme a fait l'objet d'un véritable « lavage de cerveau » : l'infécondité était synonyme de déshonneur, c'était l'expression d'un châtiment divin... Bien des femmes portent encore en filigrane les traces de ces malédictions bibliques. La stérilité est alors vécue comme un échec insupportable. Or, l'angoisse, bien souvent, loin de favoriser une grossesse, perpétue la stérilité.

Tous les gynécologues ont ainsi été confrontés à des « grossesses surprise » après adoption.

L'adoption apporte en effet à la femme calme et sérénité, après un état de tension et maintes espérances régulièrement déçues. Cet apaisement fait alors pondre l'ovaire au bon moment ou régularise le fonctionnement des circuits normaux de la reproduction.

Autre exemple, les femmes atteintes de stérilité a priori irréductible, et qui, après des années de traitement renoncent à toute thérapeutique. Elles ont alors la surprise d'être enceintes au cours des cycles suivants. En effet, lorsque l'on renonce à tout (médicaments, coïts programmés, prise de température, examens aussi désagréables que réitérés, etc.), l'attente anxieuse, la course à l'enfant cesse immédiatement, et la nature reprend ses droits, libérée de tout stress.

Inversement, des techniques sophistiquées (pompes à hormones, fécondation in vitro...) peuvent avoir un effet « magique » et concrétiser le désir d'enfant. Le professeur René Frydman cite le cas d'une femme de quarante et un ans, vainement soignée pendant quinze ans, à qui l'on propose en dernier recours une insémination artificielle. Fécondation réussie : elle met au monde une splendide petite fille. Mais à peine un an plus tard, survient un petit frère, et cela sans aucune intervention médicale ! Une année passe encore et la voilà à nouveau enceinte, de la manière la plus naturelle qui soit...

Des facteurs psychologiques complexes

C'est dire l'importance de l'approche psychologique en matière de stérilité. Cette idée que la fertilité puisse être soumise à des facteurs psychologiques n'est pas nouvelle. Déjà, en 1779, un certain W. Buchan écrivait ceci : « La stérilité est souvent la conséquence d'un chagrin, d'une crainte soudaine, de l'anxiété et de toutes sortes de passions qui tendent à tarir le flux menstruel. »

Ces stérilités, les médecins les appellent « psychogènes ». Elles représenteraient environ 15 à 20 % des cas d'infertilité. Bien évidemment, on ne les envisage qu'après les examens d'usage et des investigations soigneuses et complètes. Dès lors, peut commencer l'exploration du subconscient des époux et la quête d'un éventuel trouble psychique. Celui-ci peut présenter les facettes les plus diverses : crainte de la maternité et des douleurs de l'enfantement, peur de compromettre une carrière professionnelle, conflit avec le mari qui ne désire pas toujours un enfant avec le même enthousiasme que son épouse...

Parfois, le simple fait, pour un couple, d'habiter sous le

même toit que des parents, peut générer une stérilité (une vie sexuelle inconfortable est en effet à même de provoquer une contraction cervicale et tubaire qui nuit à la progression des spermatozoïdes). Un déménagement peut alors être rapidement suivi d'une fécondation réussie.

Nombreux sont enfin les sexologues qui associent stérilité et frigidité. Ils estiment que l'orgasme facilite la conception, et qu'il existe une relation entre vie sexuelle satisfaisante et fécondation. Certes, une femme peut concevoir sans avoir connu l'orgasme, en restant pudiquement immobile sur le dos, ou en envisageant la « chose » abstraitement, comme une transfusion… Mais diverses études révèlent qu'un coït avec orgasme violent peut déclencher l'ovulation et donc faciliter la conception. Un orgasme de belle qualité pourrait aussi favoriser les contractions « aspirantes » de l'utérus, et donc, là encore, aider à la conception.

D'autres auteurs ont enfin tenté de dresser un portrait-robot de la femme stérile : elle aurait eu, disent-ils, un père falot, inconscient, absent moralement, qui ne lui aurait pas permis d'établir un modèle masculin rassurant (modèle indispensable à toute femme pour concrétiser son désir de procréation). Sa mère, elle, serait décevante sur le plan affectif (pas de fibre maternelle, ni de relations chaleureuses avec ses enfants). Dès lors, sa fille douterait de ses propres capacités à bien « gérer » et materner un futur bébé.

Le traitement des stérilités psychogènes passe souvent par une simple psychothérapie de soutien (écoute et dialogue ; voir chapitre 8). Parfois, le médecin sera amené à cesser toute thérapeutique (inducteur d'ovulation, etc.), le temps nécessaire à l'émergence d'un véritable désir d'enfant chez la femme. Car il y a parfois désir de grossesse sans désir d'enfant (ces deux concepts ne sont pas en effet obligatoirement superposables). Dès lors, le médecin apportera un soutien moral à ces patientes, leur donnera le temps de devenir femmes, d'être en harmonie avec elles-mêmes, afin de bien laisser mûrir ce projet d'enfant…

Le cas Vincent van Gogh

Autre cas de figure : les stérilités psychogènes après mort d'enfant (le traumatisme psychologique expliquant bien sûr cette infertilité). Là encore, le médecin devra accompagner sa patiente, l'aider à faire ce que l'on appelle le « travail de deuil ». Car « le remplacement trop rapide de l'enfant mort risque de lui faire porter une identité qui n'est pas la sienne »[1]. L'enfant de remplacement n'aura peut-être pas la possibilité de vivre pour lui-même et ne sera là que pour remplacer le disparu. On peut alors imaginer les distorsions psychologiques qui peuvent en résulter, voire les névroses.

Il est un exemple célèbre : Vincent van Gogh, dont on connaît la « folie » et l'immensité du drame intérieur... Toute sa vie durant, il géra d'ailleurs ses difficultés sur un mode névrotique : tabagisme intensif (jusqu'à quatre-vingts cigarettes par jour), caféinisme (vingt-cinq tasses quotidiennes) sans oublier l'absinthe... Pour mieux comprendre sa destinée, il faut remonter à 1852, date à laquelle sa mère, Anna-Cornelia, donne naissance à un enfant mort-né qu'elle prénomme Vincent-Willem. C'est le drame au sein de la famille van Gogh. Pourtant un an après, jour pour jour, le 30 mars 1853, naissait un autre garçon qui fut lui aussi baptisé Vincent-Willem.

« Certains biographes ont justement souligné le fait que ce second fils fut conçu au moment où le chagrin causé par cette naissance vaine n'était pas apaisé chez les parents », explique Pierre Leprohon (dans *Tel fut van Gogh*[2]). « La coïncidence troublante de la date de naissance plaçant le second fils sous le même signe que le premier, la volonté des parents de lui donner les mêmes prénoms, peuvent laisser croire à une sorte de report de personnalité qui expliquerait la double nature du peintre...

1. Communication du docteur Anne Cabau, *le Généraliste*, mars 1987.
2. Éditions du Sud.

« Il semble que durant toute sa vie, Vincent ait porté le poids d'une destinée en quelque sorte usurpée. Il n'était pas seulement lui-même, mais cet "autre" qu'il avait "remplacé" dans le mystérieux équilibre de la vie. » Mais tout cela explique peut-être son fabuleux génie… On sait d'ailleurs que Salvador Dali fût lui aussi un enfant de remplacement.

Stérilité après mort d'enfant

Lors d'un récent débat sur la stérilité psychogène après mort d'enfant[1], le docteur R. Le Lirzin a ainsi souligné la nécessité d'un travail de deuil avant d'envisager ou d'espérer tout autre grossesse. Car un décès d'enfant non assimilé par le subconscient peut parfois générer une infertilité.

Le docteur Le Lirzin cite le cas d'une femme de vingt-trois ans qui avait eu une grossesse sans histoire… Arrivent les premières contractions. Rien de plus normal. Mais soudain, la sage-femme est confrontée à un sérieux problème de dilatation du col, de nature à mettre en péril la vie de l'enfant à naître. Une césarienne est pratiquée d'urgence et l'on extrait un bébé en état de mort apparente qui décédera cinq jours plus tard… Après ce dramatique événement, le couple se décide à faire un autre enfant. Mais en vain. Les examens classiques ne révèlent pourtant aucune anomalie. On essaye alors les inducteurs d'ovulation ; toujours aucun résultat.

Cinq années passent… Le docteur Le Lirzin reçoit la mère en consultation. Son désir d'enfant est toujours aussi vivace, mais la nature lui refuse obstinément cette grossesse. Interrogée sur la manière dont elle vit cette stérilité, elle raconte qu'elle est chaque nuit poursuivie par des cauchemars toujours identiques : son accouchement dramatique, sa césarienne en catastrophe, la mort de l'enfant…

1. Entretiens de Bichat, 1988.

« Au fond, lui demande le médecin, c'est comme si tout cela s'était passé hier ?
— Oui, rien n'a changé depuis ce drame... »

Huit jours plus tard, elle revient en consultation. Cette fois, le dialogue semble plus détendu, mais elle parle encore longuement de ce tragique accouchement et des images qui restent comme gravées au fer rouge dans sa mémoire. « A l'entendre, raconte le docteur Le Lirzin, j'avais le sentiment qu'elle ne pourrait jamais se libérer de ces traces aussi anciennes que profondes. Pourtant, une semaine plus tard, elle me fit une déclaration surprenante : "Je crois que je n'ai plus rien à dire, me confia-t-elle. On dirait qu'un nuage est parti de ma tête. Je ne suis plus la même. Non, je n'ai plus rien à dire..."

« Deux mois plus tard, elle était enceinte, sans aucun traitement médicamenteux !... » Ce dialogue médecin-patiente avait eu un effet décisif et avait opéré comme une psychothérapie de soutien.

Une fois ce deuil évacué, les mécanismes physicochimiques de la conception s'étaient débloqués, permettant une grossesse tout à fait normale... Mieux encore : cette même femme débutait une seconde grossesse un an plus tard, tout aussi spontanément !...

« Qui doit prendre en charge de telles patientes ?, s'interroge le docteur Le Lirzin. Le psychiatre ou le gynécologue ? A mon avis, il vaut mieux une prise en charge psychiatrique si la femme y consent plutôt que d'interminables et inefficaces traitements médicamenteux. Mais il est préférable qu'il y ait dans les services de maternité un gynécologue habitué à cela, car on sait les dangers des psychothérapies sauvages.....

Les aménorrhées psychogènes

Annie a vingt-huit ans. Depuis quelques semaines un sentiment d'angoisse ternissait sa quiétude habituelle. Motif de cette anxiété : elle n'avait toujours pas ses règles. Ses « mickeys », comme elle disait, tardaient à venir. Deux mois passèrent lorsqu'elle se décida à consulter son gynécologue. Examens d'usage : frottis vaginal, dosages hormonaux, métabolisme basal, etc. En vain. Ces explorations ne signalaient aucune anomalie. Après avoir lu force ouvrages sur l'aménorrhée, c'est-à-dire l'absence de règles, elle avait appris que ce trouble pouvait être lié à un diabète, une obésité, un dysfonctionnement glandulaire, voire à la prise de certaines drogues comme la morphine ou le thallium (un agent dépilatoire)... Mais cela ne l'avançait guère. Elle ne trouvait toujours pas d'explication à son aménorrhée. Jusqu'à cette rencontre avec un ami généraliste qui lui fit observer que ce trouble était peut-être lié à une contrariété... Ce qu'Annie était à mille années-lumière d'imaginer. Et là, la vérité s'imposa d'elle-même.

Trois ou quatre mois plus tôt, sa mère, passablement dépressive, avait fait une tentative de suicide en se mettant successivement dix-huit suppositoires d'« Optalidon ». Annie avait alors ressenti une très forte panique émotionnelle, mais n'avait rien laissé transparaître. Ce drame allait pourtant trouver quelque temps plus tard une résonance extraordinaire au niveau de son appareil génital, en bloquant soudainement le flux menstruel...

Autre exemple : quelque part dans la banlieue de Lyon... Sur le coup de six heures du matin, Jeanne P., quarante-cinq ans, filait vers l'établissement qui l'employait pour faire des ménages. Elle avançait d'un pas vif. Soudain, son visage se figea dans un étonnement craintif. Quelqu'un marchait derrière elle. Elle se retourna, essayant de discerner une silhouette dans la légère phosphorescence de l'aube… Rien.

Puis le bruit de pas reprit et, progressivement se rapprocha. Elle se hasarda à jeter un coup d'œil en arrière. Un homme la suivait. Une crampe d'anxiété la saisit au ventre. L'homme était maintenant tout proche. Ses yeux la fixaient avec une intensité trouble. Puis soudain, il y eut la main. Rapide, tiède comme un rat. Cette main l'agrippait. Jeanne hurla à s'en râper la gorge. Effrayé, l'individu s'enfuit. Sa terreur à demi-éteinte, Jeanne gagna son lieu de travail en sanglotant. De frousse, de dégoût, d'impuissance. Alors qu'elle était « indisposée » au moment de cette agression, elle vit le soir même ses règles s'interrompre subitement.

Au-delà de ces aménorrhées liées à des chocs émotionnels (scène d'horreur, cambriolage, viol…), il existe des arrêts de règles en relation avec des émotions chroniques. Ainsi, le cas de cette jeune fille qui subissait les assauts réguliers d'un père incestueux et qui ne vit revenir ses règles que lorsqu'elle fut mutée dans une autre région.

L'aménorrhée peut être enfin liée à un changement radical dans le mode de vie : mise en pension, séjour à l'étranger, séparation temporaire d'avec la famille… Certains auteurs ont même tenté d'établir un profil psychologique de ces femmes : elles seraient, dit-on, timides, inhibées, ayant une vie affective assez pauvre et des difficultés à assumer leur sexualité. On trouverait parfois chez elles un refus de la féminité, une certaine frigidité, une hantise de la grossesse…

Quoiqu'il en soit, une aménorrhée doit toujours imposer une consultation médicale : car, non traitée, elle peut perturber les fonctions de reproduction. Un arrêt des règles supposé psychosomatique peut aussi cacher l'existence d'une tumeur.

4

Psychosomatique et cancer

Du désespoir au cancer

Maintenant, le médecin ne peut plus ne pas tenir compte de la psychologie dans le registre du cancer.
Professeur M. Tubiana.

« Je suis jeune, riche et cultivé ; et je suis malheureux, névrosé et seul. Je descends d'une des meilleures familles de la rive droite du lac de Zurich, qu'on appelle aussi la Rive dorée. J'ai eu une éducation bourgeoise et j'ai été sage toute ma vie... Ma famille est passablement dégénérée, c'est pourquoi j'ai sans doute une lourde hérédité, et je suis abîmé par mon milieu. Naturellement, j'ai aussi le cancer, ce qui va de soi si l'on en juge d'après ce que je viens de dire... »

Ainsi débute *Mars*, la réelle autobiographie de Fritz Zorn, Suisse de trente-deux ans qui se meurt d'un cancer généralisé sur les bords du lac de Zurich, ville célèbre pour ses banques et ses indulgences fiscales. Le jeune Fritz Zorn mourra le lendemain de la remise de ses mémoires à son éditeur... Son livre fut, on s'en souvient, classé meilleur livre de l'année 1979 pour la critique littéraire française et atteignit très vite des tirages fabuleux partout dans le monde[1]. En France, « Mars » dépassa les 700 000 exemplaires, alors que son éditeur en avait prévu 2 000...

Engouement morbide du public ? Pas du tout. Car *Mars* n'est pas la description clinique de souffrances ou d'organes rongés par les tumeurs malignes. Ici, pas de réalisme, pas de « mort en direct », pas d'autopsie *ante mortem.* Fritz

---

1. Fritz Zorn a légué ses droits d'auteur, par testament, à une organisation révolutionnaire internationale.

Zorn retrace l'itinéraire qui l'a conduit à ce cancer, depuis ce jour où, portant la main à son cou, il sentit une grosseur rouler entre ses doigts.

Examens : c'est un cancer. Un « lymphome malin » diront ses médecins pour ne pas avoir à appeler le diable par son nom. Mais Fritz Zorn sait que ce cancer ne lui tombe pas du ciel comme un pot de fleurs mal arrimé. Les coupables, il les désigne du doigt : ce sont son enfance névrosée, sa jeunesse pleine de solitude, de tristesse et de chagrin; son existence faite de larmes rentrées, qu'il a empêchées de couler, de souffrances morales qu'il a étouffées pendant des années.

Fritz Zorn est aussi très conscient du vide qu'a été sa vie entière : isolement psychologique, frustrations affectives, vie sexuelle absolument inexistante... En clair, il sait que ce cancer est la conséquence logique de toutes ces tortures morales.

« Je crois, dit-il, que le cancer est une maladie de l'âme qui fait qu'un homme qui dévore tout son chagrin est dévoré lui-même au bout d'un certain temps par ce chagrin qui est en lui... »

De Caroline Bonaparte à Aristote Onassis

Voilà la question soulevée par cette autobiographie : des facteurs psychologiques peuvent-ils déclencher un cancer ? Autrement dit, le cancer peut-il avoir parfois une origine psychique ? Un état dépressif lié à un deuil, un divorce, une grave déconvenue professionnelle, peut-il favoriser l'éclosion d'une tumeur ?

Répondre par l'affirmative serait classer certains cancers parmi les maladies psychosomatiques. Jusqu'à ce jour, rares étaient les médecins à avancer une telle hypothèse. Aujourd'hui, ce pas est franchi et quelques chercheurs affirment que « des chagrins prolongés paraissent avoir une grande influence sur le développement du cancer ». Et de citer quelques destinées célèbres : Caroline Bonaparte par exemple, emportée par un cancer utérin après l'exécution de son mari Joachim Murat ; ou Charles Lindbergh, mort d'un cancer des ganglions lymphatiques (il n'avait jamais pu se remettre de l'assassinat de son enfant). Même chose pour Aristote Onassis, mort d'une tumeur quelques mois après le décès accidentel de son fils.

Citons encore le Maréchal de Lattre de Tassigny, frappé par un cancer en 1952 : il n'avait pas accepté la disparition de son fils à la guerre.

« Au sujet de la mort d'un fils unique, explique le docteur Michel Moirot[1] (médecin psychosomaticien), un père se trouve souvent très angoissé, parce qu'il est brutalement placé en face d'une destruction définitive du prolongement de soi-même incarné par le devenir existentiel de son fils… ». « La mort du fils, poursuit Michel Moirot, est souvent perçue comme un terrible châtiment et, dans le cas du maréchal de Lattre, il ne faut pas méconnaître le fait que ce fut lui qui commandait les Forces françaises en Indochine et que son fils a, en quelque sorte, été tué en lui obéissant… »

Citons, enfin, Sigmund Freud, emporté à soixante-sept ans par un cancer de la mâchoire. Certes, le père de la psychanalyse ne fumait pas moins de vingt cigares par jour, mais les chocs psychologiques qui l'ont assailli dans les dernières années de sa vie (mort de sa fille Sophie, puis de son petit-fils Heinz ; brouille avec ses amis Jung et Adler ; pillage de ses travaux sur la cocaïne par l'un de ses confrères, etc.) ont sans doute été les facteurs déclenchants de son cancer.

Statistiques à l'appui, un autre savant, américain cette fois, Lawrence Le Shan, démontre qu'une solitude brutale, un choc émotif violent (mort du conjoint, départ des enfants) ou un état psychologique de désespoir, peuvent intervenir

1. *Origine des cancers*, Les lettres libres, 1985.

sur la morbidité cancéreuse. Toujours selon Le Shan, ce taux de mortalité par cancer serait plus élevé chez les veuves et irait en décroissant selon qu'il s'agit de femmes divorcées, de femmes mariées, puis de célibataires. « Le sujet, dit-il, est d'autant plus rapidement atteint d'un cancer et en meurt d'autant plus vite que sa situation maritale est moins satisfaisante… »

Le cas particulier des cancers du sein et de l'utérus

L'idée n'est pas nouvelle : au IIe siècle avant J.-C., Galien disait déjà : « Les femmes gaies n'ont pas de cancer… »[1]. Une autre étude réalisée sur des femmes atteintes de tumeur de l'utérus révèle que 35 % d'entre elles avaient vu leur mariage interrompu par veuvage, divorce ou séparation (ce qui n'existait que dans 16 % des cas dans le groupe témoin).

Lors d'un colloque[2], des médecins ont ainsi rapporté trente-deux observations issues de leur pratique quotidienne, soulignant la fréquence de l'apparition de certains cancers à la suite d'épreuves vitales mal supportées. Et d'énumérer quelques exemples : Mme P., dépression après un accident de la route qui a gravement blessé sa fille enceinte : cancer du sein un an plus tard ; Mme D., trente-quatre ans, cancer de l'utérus deux ans après un mauvais divorce et des difficultés financières ; Mlle E., soixante-sept ans, cancer de l'estomac après une mise à la retraite très mal supportée par cette célibataire habituée à voir son autorité reconnue ; Mme G., détenue pour filouterie d'aliments ; l'affaire judiciaire a précédé de six mois son cancer du sein…

---

1. Au IVe siècle avant J.-C., Hippocrate associait aussi tumeur cancéreuse et mélancolie.
2. *Psychologie et cancer*, Marseille, 1977.

Le climat émotionnel semblerait donc jouer un rôle non négligeable dans deux types de cancers, celui du sein et celui de l'utérus. Cela a bien sûr incité le corps médical à fouiller le passé psychologique et l'histoire personnelle de milliers de femmes atteintes de telles tumeurs. Objectif : vérifier si ces personnes ne présentaient pas un même « profil psychologique », particulièrement favorable à l'éclosion du cancer. Une réponse positive à cette question permettrait en effet de mieux déceler les tempéraments prédisposés à cette maladie.

A l'aide de tests, de questionnaires et d'entretiens, des traits de caractères particuliers aux femmes atteintes de cancer du sein ont ainsi été mis en évidence (sans que l'on puisse toutefois en déduire quoi que ce soit). Les dénominateurs communs seraient les suivants : hormis la rupture d'une relation vitale (divorce, deuil) déjà mentionnée, on noterait d'abord une morne désespérance de ces femmes : elles ne trouvent à l'existence ni valeur, ni saveur (sentiment de solitude, d'abandon, de désespoir). Leur ligne de vie semble souvent contraire à leur nature profonde. Beaucoup d'entre elles ont eu un traumatisme psychique dans l'enfance (le nombre de personnes ayant perdu un frère ou une sœur au cours de leur enfance serait nettement plus important chez les cancéreux que chez les patients non cancéreux).

Autre indice : ces femmes sont souvent incapables d'exprimer leur colère ou leur agressivité (en paroles par exemple). Elles semblent étouffer ou refouler au fin fond d'elles-mêmes tous leurs sentiments hostiles. Bref, elles n'ont guère de soupapes émotionnelles.

Cette incapacité à exprimer ses émotions a déjà été mise en évidence chez les cancéreux du poumon : selon le docteur Kissen, le taux de mortalité par cancer du poumon est de deux cent soixante-dix pour cent mille personnes par an pour les individus incapables d'exprimer ouvertement leurs émotions, alors qu'il n'est que de cinquante-neuf pour les autres.

Insatisfactions sexuelles et cancer

Certains auteurs ont aussi insisté sur les rapports entre dépression et cancer : lors de ce même colloque « Psychologie et Cancer », il a été rapporté des exemples apparemment probants où l'on voyait évoluer parallèlement dépression et cancer. Ces observations restent à manier avec prudence car il est difficile de dire aujourd'hui si la dépression est un facteur d'apparition du cancer du sein, ou si, au contraire, c'est la formation lente du cancer qui met la patiente dans un état dépressif.

Une autre étude britannique, menée sur une longue période, a toutefois démontré qu'il existait une corrélation assez forte entre l'évolution à terme d'un cancer du sein et l'état initial de la patiente. Il apparaît ainsi que la manière de réagir des femmes à l'annonce de cette tumeur permet de prédire de façon assez exacte leur pronostic de survie au bout de cinq ans : à la plus « choquée » la moindre chance… statistique.

De même, l'étude d'une population de deux mille femmes habitant le Minnesota et suivies pendant dix-sept ans après un test de personnalité, concluait que les sujets jugés « déprimés » à l'origine, avaient deux fois plus de risques de développer un cancer que les autres.

D'autres auteurs estiment enfin que ces deux types de cancer (sein et utérus) seraient parfois associés à des difficultés d'épanouissement sexuel (inassouvissement, insatisfaction). Ces médecins retrouvent là, curieusement, l'un des hommes les plus controversés dans l'histoire des idées de ces cinquante dernières années : Wilhem Reich, l'un des disciples les plus intéressants de Freud, qui dit : « Écartés des fonctions sexuelles naturelles, les futurs cancéreux développent une résignation caractérielle naturelle… » En clair : l'absence de relations sexuelles conduit à une sorte de dépression qui ouvre toutes grandes les portes à la maladie.

En son temps, cette affirmation avait fait largement sourire le corps médical. Aujourd'hui, l'ironie laisse la place à l'interrogation et à la réflexion. « Cette approche n'est pas plus naïve qu'une autre », explique notamment le professeur Georges Mathé, l'un de nos plus grands cancérologues. « Et les psychologues, dit-il, feraient bien d'étudier de plus près les conséquences des insatisfactions sexuelles sur le bon fonctionnement des hormones et du système immunitaire... »

Les états psychiques de détresse

Si le cancer est loin d'avoir livré tous ses mystères, on sait désormais qu'il n'est pas toujours une maladie purement physique et que les facteurs émotionnels ne doivent plus être sous-estimés. En l'état actuel des recherches, on sait que chacun de nous recèle en permanence des cellules cancéreuses. Seulement, notre organisme fait lui-même sa propre police, dépiste ces cellules aberrantes et les détruit en temps normal. Il reste à savoir :

— pourquoi certains individus, à des moments bien particuliers de leur vie, contractent un cancer ;

— pourquoi leur système immunitaire a cédé devant l'envahisseur ;

— comment un climat psychique (overdose de stress, de déceptions, d'agressivité subie...) a pu faire défaillir ce système.

Une première théorie part du principe que tout stress non formulé, ou tout stress de longue durée et les tensions qui en résultent, peuvent produire de sérieuses inhibitions de nos défenses naturelles.

Des savants australiens ont ainsi étudié les défenses immunitaires de sujets placés dans des situations jugées psychologiquement difficiles, en l'occurrence vingt-neuf hommes qui avaient perdu leurs femmes six semaines auparavant. L'enquête a révélé que leurs défenses naturelles étaient beaucoup plus faibles que celles d'un groupe témoin composé de non-veufs. Une autre étude menée par la Mount Sinaï School of Medecine de New York aboutissait au même résultat : les réponses immunitaires d'hommes dont les femmes étaient en train de mourir d'un cancer, se révélaient aussi bien affaiblies.

Explication avancée : des stress de forte intensité seraient capables de déverser dans notre corps de véritables marées de « corticoïdes circulants », de puissants immunodépresseurs capables d'abaisser nos défenses contre la maladie…

Une autre théorie a été imaginée pour expliquer le cancer du sein : en clair, un état psychique de détresse serait susceptible de modifier l'équilibre hormonal du corps humain. Ce dérèglement influerait sur le tonus de nos défenses naturelles et induirait une accélération brutale de l'évolution de la maladie.

« En conséquence, précise le docteur Michel Hugin[1], les femmes devraient marquer une vigilance toute particulière à la suite d'un deuil, d'une rupture ou d'un divorce (et rendre ainsi régulièrement visite à leur médecin pour un examen préventif), compte tenu de la fréquence des cancers du sein ou de l'utérus observés en ce type de circonstances. Dire cela, c'est peut-être affoler la population, mais c'est aussi une manière de la préserver… »

La dépression de Georges Pompidou

Six mois à six ans, tel serait le délai moyen entre le choc psychique et l'éventuelle apparition de la tumeur. Certains chercheurs se sont ainsi penchés sur la vie du président Georges Pompidou, pour tenter d'établir une corrélation entre son décès par cancer de la moelle épinière[2] et les chocs moraux qui l'ont assailli dans les années 1967-1968.

1. Psychiatre et psychosomaticien.
2. Maladie de Kahler.

Ainsi, l'historien Raymond Tournoux notamment, a décelé quelques faits pouvant expliquer le déclenchement d'un cancer latent : « 22 novembre 1968. Jusqu'où peut aller le fond de la bassesse et de l'ignominie ? s'interroge cet auteur. Des lettres fabriquées, des photographies truquées, dépassant les limites de l'abject, circulent. Elles prétendent atteindre Claude, la femme de M. Pompidou. Un écœurement sans nom envahit M. Pompidou, qui en est révulsé. Cet homme traverse l'épreuve de l'affaire Markovic, la plus terrible de sa vie... Il subit ainsi un traumatisme moral qui ouvre une plaie à jamais... »

A ces chocs, il faut ajouter les diverses turbulences auxquelles Georges Pompidou a dû faire face : « Mai 68 » bien sûr, puis sa mise à l'écart par le Général de Gaulle, lequel lui reproche pêle-mêle son « immobilisme » et la facilité avec laquelle il a tout « lâché » aux Entretiens de Grenelle.

A peine M. Couve de Murville l'a-t-il remplacé à Matignon, que M. Pompidou s'enferme chez lui quai de Béthune ; il sombre alors dans une très nette dépression morale... Quelques mois plus tard, il sollicitera d'urgence le plus éminent spécialiste des maladies sanguines, le professeur Jean Bernard, puis, hélas, les médecins de Villejuif. Sombre diagnostic : Georges Pompidou se sait désormais atteint d'une leucémie à évolution lente... [1]

Le profil psychologique du cancéreux

Y a-t-il des sujets psychologiquement prédisposés au cancer ?

« Oui », répond le docteur William Greene, de l'Université de Rochester aux USA, après avoir noté dans la vie de ses malades cancéreux des éléments déterminants. « Ce seraient, dit-il, des êtres apparemment sociables et cordiaux mais en réalité inhibés, hyperadaptés, pessimistes, scrupuleux, dépressifs.

1. Faut-il encore rapprocher la mort par cancer de Moshe Dayan, général en chef des armées d'Israël, et héros de la Guerre des Six jours, et son éviction de l'armée en 1973 ? Ou le réveil soudain du cancer du Shah d'Iran en exil, alors qu'on le croyait guéri ?

« Chez les femmes atteintes de cancer du sein, une autre typologie fait ressortir certains traits de caractère, certaines difficultés psychologiques : colères réprimées, aversion de soi-même, inhibition de la maternité, conflits non résolus avec la mère, narcissisme, faible capacité à exprimer l'hostilité, tendance au sacrifice, au don de soi...

Ces femmes ont, en général, eu peu de partenaires masculins, divorcent moins, se remarient plus rarement une fois veuves, trompent moins que les autres leurs maris. »

Bien des spécialistes refusent toutefois d'établir de tels profils psychologiques. Par exemple Nicole Alby, psychologue au service d'onco-hématologie (cancer du sang) de l'hôpital St-Louis à Paris, dit : « Je ne pense pas que l'on puisse établir une typologie du cancéreux. Pourquoi ? Tout simplement parce que le cancer est une maladie pluridimensionnelle et que les facteurs psychiques ne peuvent à eux seuls déclencher une tumeur. Ils ne sont que les alliés des facteurs génétiques, biochimiques ou environnementaux interdépendants (tabac, pollution, traumatisme, etc.). Il faut éviter les simplifications. Dire que Mme Dupont va avoir une tumeur parce qu'elle refoule ses émotions ou ne sait pas se protéger contre le stress, ou parce qu'elle vient d'avoir un grand chagrin, est une aberration. Car ces processus psychologiques qui, parfois, diminuent nos résistances immunitaires, ne sont que des facteurs adjuvants, et seulement adjuvants. Cela dit, il est tout aussi difficile d'établir une liste de stress qui seraient particulièrement favorables à l'éclosion d'un cancer. Car chacun réagit à sa manière à une agression psychique : vous avez des individus que vous pouvez stresser de manière continue sans qu'ils tombent malades, et cela parce qu'ils ont une grande sécurité intérieure.

D'autres au contraire, face à ces mêmes stress, vous feront immédiatement une recto-colite hémorragique. Vous avez aussi des personnes pour qui la perte d'un chien ou un déménagement représente une blessure intolérable, mais qui en revanche, rebondiront joyeusement à la mort de leur mère parce que cela les soulage d'une contrainte. »

Optimisme et auto-guérison

Si un choc psychologique est à même de réveiller un cancer latent, il était légitime de se demander si un moral au beau fixe ne pouvait pas, a contrario, renforcer nos défenses naturelles, réduire la prolifération des cellules cancéreuses et ramener le corps à un état sain.

Cette idée n'est pas extravagante. Les médecins savent bien qu'un malade enthousiaste et heureux de vivre se défend beaucoup mieux qu'un malade déprimé. Mais peut-on s'avancer davantage et dire qu'un moral d'acier ou une attitude mentale positive sont susceptibles de renverser le cycle de développement du cancer ?

« Oui », répond Carl Simonton. Après avoir observé un groupe de cancéreux, ce radiologue américain s'était aperçu que certains malades évoluaient favorablement et d'autres défavorablement, sans que, médicalement, cela puisse s'expliquer. Les cancéreux qui s'étaient donnés une raison de ne pas mourir (« Je ne veux pas disparaître tant que mon dernier enfant n'est pas élevé », « Je suis indispensable à mon travail »...) atteignaient des taux de survie inattendus.

Fort de cette découverte, Simonton a mis au point une méthode faisant appel à la relaxation, au réapprentissage de la joie, et à l'imagerie mentale : le malade imagine par exemple ses globules blancs comme une armée de chevaliers menant une guerre acharnée contre les cellules cancéreuses, leurs ennemies. S'il suit une chimiothérapie, il visualise ses médicaments comme des requins pénétrant dans les derniers replis de son corps, nettoyant tout sur leur passage et dévorant les tumeurs à pleines dents.

« Bien sûr, dit Simonton, ce n'est qu'une construction

imaginaire, a *priori* simpliste, mais elle s'appuie sur une réalité biologique : cette imagerie mentale réveille nos mécanismes naturels d'auto-guérison et leur redonne de la force. Ensuite, en créant des sentiments d'espoir dans l'esprit du malade, l'organisme les traduit en processus biologiques qui restaurent les défenses naturelles et freinent la production de cellules malignes. Pour avoir une chance de guérir, il faut donc que le patient se prenne en charge et qu'il croie fermement à une victoire possible de l'organisme sur sa maladie... »

« C'est vrai, précise Anne-Françoise, une jeune kinésithérapeute de quarante ans, jadis opérée d'un cancer des ovaires. Nous avons tous au fond de nous-mêmes des forces immenses totalement inexplorées. Ces forces psychiques, je les ai moi-même mobilisées et exploitées et je suis persuadée qu'elles ont été le gage de ma guérison... »

Anne-Françoise anime aujourd'hui à Paris des thérapies de groupe inspirées de la fameuse méthode Simonton. Qui sont ses patients ? Des cancéreux, hommes et femmes, atteints à des degrés divers par la maladie, mais avec un dénominateur commun : leur foi dans la vie et dans les ressources inouïes de l'inconscient.

Le souffle du malheur

« Mon aventure a commencé dans les années 80, raconte Anne-Françoise. Je venais de ressentir un poids étrange dans le bas-ventre... Le médecin consulté diagnostiqua une série de petits fibromes qu'il jugeait sans gravité : “Revenez me voir dans quelques mois, me dit-il. Il faudra peut-être les enlever mais rien ne presse...” Erreur. Un an plus tard, les hémorragies se succédaient à intervalles de plus en plus réguliers. Mon médecin s'est alors décidé à m'opérer : “J'ai trop attendu pour le faire”, m'avoua-t-il après l'intervention. “Votre tumeur semble douteuse. Il ne faut prendre aucun risque. Vous devrez subir plusieurs séances de rayons...”

« Les mois suivants, j'ai donc « encaissé » soixante séances de cobalt. Non sans dégâts ! J'avais une partie de mes intestins brûlés par ces rayons. Mais ce n'était que la petite monnaie de mes ennuis. Quelques semaines plus tard, on eut la fâcheuse surprise de me découvrir une extension imprévue et anarchique de cette tumeur de l'ovaire. Analyse de sang, ponctions, biopsie, radio… Verdict : c'est un cancer. Pire : un vrai cancer de l'ovaire, le plus grave des cancers gynécologiques, celui qui en tout cas a l'un des plus mauvais pronostics.

« Cancer : le mot était lâché. Immédiatement, j'ai senti que quelque chose venait de se disloquer dans ma tête. Car pour moi, ce mot soufflait la mort et le malheur…

« Dans un état second, je suis partie au Quartier Latin acheter un manuel de cancérologie. Je voulais tout savoir de la chimiothérapie que j'allais subir, quelles étaient ces drogues (méthotrexate, adriamycine, antibiotiques à spectre large…) qu'on allait me perfuser…

« Cette "chimio" devait théoriquement s'étaler sur deux ans, à raison de six jours toutes les six semaines. Mais douze mois plus tard, j'ai pris la responsabilité de tout arrêter, car j'en vivais les terribles conséquences : fatigue, paralysie partielle, nausées, chutes de cheveux par touffes entières… Cet arsenal chimique m'avait vieillie très rapidement. C'est vrai qu'il remanie tout votre corps, bouleverse votre physiologie… J'avais attrapé une sciatique, je boitais et mon moral était réduit à l'état de guenille… En sanglotant, j'ai dit à mon médecin : "Docteur, j'ai désormais l'impression d'avoir cent ans. J'ai perdu tous mes cheveux, je suis obligée de porter une perruque… Cette vie-là, je n'en veux pas !…" Évidemment, j'étais une des rares malades à refuser cette chimio. C'était d'ailleurs écrit en rouge sur mon dossier médical. Car les médecins n'aiment pas ça : il est tellement plus aisé de soigner un malade qui accepte tout docilement… »

Déminer le mot cancer

« Les mois ont passé, poursuit Anne-Françoise, et j'avais toujours l'impression de vivre dans un mauvais rêve. Je n'avais plus de goût à rien. Même Mozart ou Bach ne me passionnaient plus ; je n'allais plus au concert ou au cinéma. Tout prenait pour moi la dimension du dérisoire.

« Jusqu'à cette journée du printemps 84. Je venais de rencontrer Luce, une psychologue qui travaillait en milieu hospitalier. Elle avait pour mission d'établir une communication confiante entre les cancéreux, leurs proches et les équipes soignantes… Dans un loft du VIe arrondissement, elle accueillait parallèlement des petits groupes de cancéreux et tentait de les aider psychologiquement par la méthode Simonton.

« Sa première tâche consistait à *déminer* le mot cancer [1]. C'est vrai qu'il y a dans cette maladie toute une dramaturgie de la peur et de l'inéluctable. Il faut dire qu'au cinéma ou dans les romans, tous les discours sur le cancer sont des discours de crise : l'attention est braquée sur les moments les plus dramatiques de la maladie, la lente dégradation des corps, le naufrage psychologique.

« Et puis le public se fait une idée exagérée du taux de mortalité par cancer. Certes, il emporte annuellement plus de 130 000 Français, mais sur les quelque 200 000 nouveaux cas recensés chaque année, on sait que 85 000 (soit 41 %) guérissent. Ce taux de guérison va d'ailleurs en s'accroissant : il était de 33 % en 1970 ; il atteindra sans doute 50 % avant 1990.

« Pour certaines formes de cancer, les progrès sont même très spectaculaires. La leucémie de l'enfant par exemple qui, il y a vingt ans, évoluait en quelques semaines vers la mort, guérit pratiquement une fois sur deux à ce jour. Pour la maladie de Hodgkin (cancer des ganglions lymphatiques) on note des résultats du même ordre.

---

1. Certains médecins, comme le docteur Pierre Solignac, ont suggéré de ne plus utiliser le mot « cancer » et de rebaptiser cette maladie « PAC » (prolifération anormale de cellules).

« Tout cela pour dire qu'il faut aujourd'hui désamorcer le mot cancer et lui enlever son côté mortifaire.

Des fausses notes dans les cellules

« Cette dédramatisation fait bien sûr partie de la méthode Simonton, poursuit Anne-Françoise. Avec Luce, j'ai donc appris à reprendre souffle. Il fallait que je sorte de l'angoisse, de l'affolement pour voir les choses en face, de façon réaliste.

« Pour me remettre d'aplomb, Luce m'a d'abord proposé des séances de relaxation afin de rompre le cycle de tensions et de peurs qui me submergeait [1]. Cette détente a surtout pour but de réduire l'impact du stress sur le corps : on sait que le stress augmente la perception de la douleur. L'anxiété, par exemple, accroît l'intensité de la souffrance. Plus l'on craint de souffrir, plus l'on souffre…

« Deuxième étape de la méthode Simonton : réapprendre la joie de vivre, retrouver le goût de tout ce qui fait le *suc et la moelle* de l'existence. Luce m'avait ainsi suggéré d'établir une liste de trente choses agréables à faire et d'en réaliser au moins trois par jour (prendre son petit déjeuner à la terrasse d'un café, se lever la nuit pour aller regarder les étoiles, s'offrir un bon repas avec des amis, faire la grasse matinée, etc.). Ces petits bonheurs peuvent ainsi ensoleiller le quotidien.

« Luce m'avait aussi donné le conseil suivant. "Demande-toi quels sont tes grands souhaits dans la vie. Écris-les pêle-mêle sur un papier. Mets ensuite des coefficients de priorité devant chacun de tes objectifs. Exemple : primo,

---

1. « Les malades cancéreux, dit la psychologue Anne Ancelin Schützenberger, ont souvent une angoisse de mort paralysante, effrayante, sidérante, médusante et cette angoisse tue plus que le cancer lui-même. » (*Vouloir guérir*, Édition Eres-la Méridienne).

réussite affective. Secundo : réussite professionnelle. Tertio : maximum de loisirs, etc. Un truc tout bête pour cerner tes priorités, pose-toi la question : Que voudrais-je accomplir si je n'avais plus que dix ans à vivre, cinq ans, six mois ? Une fois les priorités établies, le tour est joué ou presque. L'essentiel étant de toujours commencer par la priorité numéro un."

« L'idée de Luce avait été très efficace : j'avais l'impression de moins perdre mon temps. Je ne me laissais plus balloter par l'urgence des autres. J'essayais de jalonner mes journées d'un maximum de choses agréables. Bref, je m'efforçais de vivre plus intensément.

« Avec Luce, j'essayais parallèlement de rechercher le ou les stress qui pouvaient expliquer l'apparition de mon cancer. Quel était cet événement qui avait brisé le savant ordonnancement de mes soixante mille milliards de cellules ? Certes, les virus surviennent sans qu'on les choisisse. Ils déciment à tâtons et mutilent un peu n'importe qui. Mais le hasard a besoin d'une main auxiliaire. Et cette main complice, c'est souvent une tragédie intérieure : un amour jamais accompli, un deuil, une rancœur, des rêves de jeunesse non réalisés…

« Personnellement, je n'avais pas besoin de trop fouiller dans ma mémoire : mes quinze dernières années avaient été constellées de contrariétés. Je vivais jadis au Liban où mon mari avait une entreprise de travaux publics. Les affaires étaient prospères, la vie facile. Nos revenus étaient tels que j'avais renoncé à exercer mon métier de kinésithérapeute. Mais cet âge d'or n'a pas duré.

« Le rêve s'est très vite écroulé car tout a basculé avec les événements de Beyrouth. L'entreprise a dû fermer ses portes et nous avons regagné la France… amers de tout abandonner : nos biens, nos souvenirs. Dans les six mois, j'ai pris plus de dix kilos : "Obésité psychique de déportation", m'a dit le médecin. C'est vrai : je me sentais complètement déracinée. Ajoutez à cela les difficultés matérielles et la difficile cohabitation avec mes beaux-parents chez lesquels nous vivions désormais : mon mari n'était plus un époux ; il était redevenu le "fils de ses parents".

« Plus grave : nous n'avions toujours pas d'enfant et cela me désolait. A qui incombait cette stérilité ? Peu m'importe. Mais je suis persuadée que ce désir inhibé de maternité a sans doute laissé passer les premières « fausses notes » dans mes cellules et préparé l'anarchie ultérieure… "Trouver les causes du stress ayant pu déclencher la maladie est important, me disait Luce. Cela donne au moins un sens à la maladie[1]."

« Parallèlement, j'avais entamé la technique-pivot de la méthode Simonton, à savoir l'imagerie mentale. Cette technique, Carl Simonton l'avait utilisée pour la première fois en 1971 avec un patient dont le cancer, dans sa phase terminale, était considéré comme incurable. Ce malade répétait trois fois par jour les exercices de visualisation de son cancer. Il voyait son traitement devenir de plus en plus efficace, les rayons détruire son cancer et ses globules blancs attaquant les cellules cancéreuses. Puis il s'imaginait redevenu en bonne santé. "Les résultats ont été spectaculaires, dira plus tard Simonton : le patient 'mourant' a surmonté sa maladie…"

« Personnellement, poursuit Anne-Françoise, je pratiquais la relaxation et l'imagerie mentale trois fois par jour pendant quinze minutes. J'imaginais mes défenses naturelles, en l'occurrence mes globules blancs comme des piranhas géants engloutissant la masse cancéreuse de mes ovaires. Parfois je les visualisais comme une armée de soldats terrassant mes cellules malignes avec un lance-flammes. J'avais aussi pris l'habitude de dessiner toutes ces scènes sur un papier. Je me forgeais chaque jour davantage un moral de vainqueur. »

---

1. « Quand on trouve un fil directeur, une explication, un sens à ce qui nous arrive, cela permet de se reprendre en main : on sort du chaos. Les choses prennent sens. La maladie prend sens. » Anne Ancelin Schützenberger.

Naïf, direz-vous ? « Pas si sûr, répondent aujourd'hui certains scientifiques : la visualisation peut agir au niveau du cerveau (sur l'hypophyse et les lobes frontaux notamment) et, dès lors, réveiller et stimuler les défenses naturelles du corps. Le noyau cancéreux, alors, diminue.....

« Je suis cette méthode Simonton depuis maintenant deux ans, reprend Anne-Françoise. Mieux : je l'enseigne aujourd'hui à des groupes de cancéreux. Certes, je ne peux pas dire que cette thérapie opère de réels miracles. En effet, j'ai eu des rechutes et j'ai dû retourner en chimio. Mais elle aide puissamment à faire face à la maladie ; elle diminue la douleur et augmente à coup sûr les délais de survie, et cela dans des conditions agréables. Et si l'irrémédiable est en vue, elle permet au malade de mourir après avoir eu une fin de vie humainement acceptable.

« Ainsi que le disait l'écrivain Élie Faure : "Nous savons bien que la mort est au bout du chemin, mais nous devons orner les bords de la route..." »

La vieille dame indigne

Une autre psychothérapie se répand aujourd'hui en Europe, celle imaginée par Lawrence Le Shan. Cet Américain part du principe que beaucoup de cancéreux n'ont pas pu vivre selon leur vrai tempérament (conjoint ou vie professionnelle inadéquat), ont nié leur vraie nature (sont devenus plombiers alors qu'ils rêvaient d'être pianistes), bref, ils n'ont pu mener la vie pour laquelle ils étaient faits.

Il en résulte de l'amertume, des frustrations, une charpente psychologique vermoulue, etc., tout cela créant bien sûr un terrain propice au développement du cancer.

Le but de sa psychothérapie vise donc à stimuler chez le malade le désir de vivre, en lui faisant découvrir à la fois ses valeurs propres et ce qu'il attend réellement de l'existence.

« Que voulez-vous faire de votre vie ? » Telle est la première question posée par Le Shan à ses patients. Une fois les réponses obtenues (« Faire le tour du monde », « Apprendre le jardinage ou le saxo », « Écrire un livre », etc.), reste à concrétiser toutes ces priorités, afin d'avoir la vie à laquelle on aspire. « Vivre complètement selon son tempérament, explique Le Shan, est l'une des armes les plus efficaces de la lutte contre le mal. » Le Shan cite ainsi quelques cas de rémission chez ses malades.

Au programme de sa psychothérapie figure curieusement un film bien connu, *La Vieille Dame indigne*, relatant l'histoire d'une sexagénaire qui, toute sa vie durant, avait accompli les tâches qu'elle était censée remplir : éducation des enfants, travaux domestiques... Mais une fois veuve, elle avait commencé à vivre à sa guise. Elle mangeait quand elle avait faim, sortait au milieu de la nuit pour aller contempler les lumières du port, fréquentait un groupe d'anarchistes, devint l'amie d'une jeune femme de mauvaise réputation, acheta une petite voiture, etc., et vécut ainsi intensément les dix-huit derniers mois de sa vie comme jamais elle ne l'avait fait auparavant...

« Ce film, explique Le Shan, est la parfaite illustration du genre d'attitude envers la vie que ma thérapie de choc s'efforce de faire découvrir aux malades... »

Si Le Shan avoue avec beaucoup de franchise n'avoir jamais pu guérir ainsi des cancéreux en phase terminale, il aura eu au moins le mérite de leur faire goûter pleinement les derniers mois qui leur restaient à vivre.

« Tel n'est pas le cas chez la majorité des malades, souligne la psychologue Nicole Alby. Confrontés au redoutable, synonyme de deuil, de souffrances, d'exclusion et de mort, que véhicule le terme même de « cancer », nombre de ces malades vivent généralement dans un isolement tragique. Il faut donc établir ou rétablir une communication confiante et chaleureuse entre le cancéreux, sa famille et les médecins ou les personnels soignants. Car les succès thérapeutiques, de plus en plus nombreux, dépendent en effet, pour une bonne part, de facteurs psychologiques… »

Deux mille ans plus tôt, un homme avait perçu cette dimension psychologique de la maladie. C'était Platon : « C'est une folie, disait-il, que de vouloir guérir le corps sans vouloir guérir l'esprit !… »

5

Les détraqués de l'appétit

Les désordres de l'appétit

Boulimie : les délinquants de l'alimentation

Un petit cahier d'écolier… Une écriture incisive et cabrée… Et ces quelques notes qui s'effilochent au gré des pages : « Il est vingt-trois heures… Je suis mal. Très mal. J'ai envie de tout foutre en l'air. Cela m'a pris il y a deux heures. J'étais seule à la maison. Je me suis enfermée dans la cuisine comme dans un cauchemar… J'étais malade à en vomir, mais je n'ai pas cessé de manger, de dévorer, d'avaler n'importe quoi, n'importe comment : cinq bols de café au lait, 500 g de pommes de terre, une casserole de riz, les trois quarts d'une plaquette de beurre, un verre d'huile, cinq tranches de pain, un demi-chou-fleur… Tout ça se mélangeait. J'avais beau être écœurée, je continuais jusqu'à perdre haleine. J'étais fourbue, moche, bouffie, poisseuse… Et cette angoisse qui n'en finissait pas. Je me suis fait vomir. C'était mon cinquième accès de boulimie de la journée. A chaque crise, même scénario : des quantités invraisemblables d'aliments que je vomissais presque immédiatement, avec des crampes fulgurantes à l'estomac… »

Ce témoignage hallucinant est extrait du carnet d'une jeune femme boulimique soignée dans un hôpital parisien. Le mot boulimie, du grec « boulimia », signifie littéralement « faim de bœuf ». La boulimie n'a rien à voir avec les fringales passagères, les orgies ou les grignotages entre les repas. C'est une sorte de toxicomanie sans drogue, un mal être exclusivement féminin ou presque [1], un trouble psychique qui se traduit par une sorte de délinquance alimentaire. En clair, c'est manger, non par faim mais par anxiété

1. 95 % des boulimiques sont des femmes.

(les aliments calmant l'angoisse comme le lait apaise l'enfant).

On peut voir dans la boulimie l'expression d'une dépression à laquelle elle est souvent liée (20 % des boulimiques font une tentative de suicide).

Jusqu'à cinquante mille calories par jour

Les boulimiques seraient cinq millions aux États-Unis, deux cent mille en Allemagne... En France, on les estime à deux ou trois cent mille environ... Trois cent mille personnes qui souffrent et se cachent pour avaler des quantités illimitées d'aliments, pouvant aller jusqu'à cinquante mille calories par jour !...

Voici le témoignage d'Alice, vingt et un ans : « Je dépense parfois 2 000 F de nourriture par semaine. Quand je n'ai plus un sou, je vole dans les supermarchés... Cette sensation de faim surgit comme ça, pour un oui, pour un non. Je ne peux résister à cette folie irrésistible. Je craque. Parfois très tôt le matin, j'avale ainsi une dizaine de croissants ou deux boîtes de cassoulet. Et je continue dans une sorte d'état d'apesanteur. C'est répugnant. Je dévore tout sur mon passage. On dirait que je veux tout détruire. Et brusquement, je m'aperçois que j'ai vidé le frigo, même les vieux morceaux de fromage, le pain rassi, les nouilles rances, tout y est passé... »

Bien évidemment, ces orgies sans plaisir finissent dans la honte et le remords. De plus, cette frénésie alimentaire amène tout un cortège de malaises : sueurs, tachycardie, troubles des règles (les deux tiers des femmes boulimiques ont des troubles menstruels). Ce gavage peut même aller jusqu'à la rupture gastrique (rupture de l'estomac). Les morts subites sont fort heureusement assez rares.

Paniquées à l'idée de grossir, la moitié des boulimiques se font aussi vomir après chaque crise, et cela jusqu'à cinq ou dix fois par jour. Résultats : saignements de l'œsophage, désordres électrolytiques, perte de l'émail des dents. D'autres se gorgent de médicaments. Laxatifs, diurétiques, coupe-faim succèdent à leurs orgies alimentaires. Conséquences : des vertiges, des crampes à l'abdomen, des chutes de cheveux intempestives.

« Ajoutez à cela des périodes de jeûne ou d'exercices physiques forcenés », poursuit Alice. « Je me tapais des longueurs de piscine, je joggais, je bouffais des kilomètres. Quelquefois se combinaient sauna, hammam, vomitifs, musculation… Des garde-fous, Dieu sait pourtant que j'en ai semé plein la maison : de grands écriteaux sur les chemins du frigo (« Non tu ne mangeras pas ! Bouffer, c'est monstrueux ! »). J'achetais à manger au jour le jour pour ne pas avoir de réserves. Je faisais même mes courses l'estomac plein pour ne pas être trop tentée. J'avalais des litres de bouillon-cube pour freiner mon appétit ; je fumais, je mangeais des chewing gums, des tonnes de fromage blanc, des anorexigènes, des calmants. Même quand j'étais « bastonnée » de barbituriques, je trouvais suffisamment de force pour me lever (complètement « amortie ») et me gaver comme une autruche. Le matin, au réveil, le chantier dans la cuisine me rappelait que j'avais fauté… »

Il est à noter que la plupart des boulimiques ne présentent aucun signe extérieur de détresse corporelle : 60 % d'entre elles ont un poids tout à fait normal ; 22 % sont même en dessous de ce poids et 10 à 12 % seulement sont un peu « rondes ».

Jane Fonda : la plus célèbre des boulimiques

Au fait, que sait-on de la boulimie, de ses mécanismes d'apparition ? Peu de chose. Si les symptômes sont clairs, les causes elles, en revanche, restent mystérieuses. La boulimie, connue pourtant depuis des siècles, n'a commencé à intéresser le corps médical que dans les années 80. Elle touche, il est vrai, des couches de plus en plus larges de la population. Et puis beaucoup de boulimiques hésitent à consulter un spécialiste. Emmurées dans leur drame, enfermées dans la honte, elles restent dans l'ombre et ne partagent leur secret avec personne. Souvent même, l'entourage n'en est pas informé. Et lorsqu'elles consultent un médecin, c'est en général pour un tout autre symptôme : tachycardie, troubles gastriques ou carences dues aux vomissements répétés.

Pendant plus de vingt-trois ans, une des plus célèbres stars mondiales, Jane Fonda, a ainsi occulté son irrépressible boulimie. Manger sans faim et sans fin, tel a été son cauchemar de l'adolescence jusqu'à l'âge de trente-cinq ans.

« C'est au pensionnat que j'ai appris à me faire vomir après avoir mangé, raconte Jane Fonda. Quand ma compagne de chambre m'en a parlé, j'ai tout de suite pensé : "Ah ! voilà enfin le moyen d'avoir l'agréable sans l'inutile !" Il était enfin possible de se laisser aller à ses instincts de goinfrerie maladive sans avoir à en subir les conséquences… Pour plusieurs d'entre nous, à l'école, ce fut le début d'une sorte d'accoutumance cauchemardesque qui a bousillé notre existence pour les décennies à venir, une accoutumance aussi dangereuse que celle provoquée par l'alcool ou la drogue, et sans doute aussi difficile à surmonter… Comme l'alcoolisme, la boulimie suit son petit bonhomme de chemin, et prend possession de vous jusqu'à ce que vous ayez perdu tout contrôle sur votre propre existence… La boulimique se retrouve de plus en plus isolée. Sa santé en pâtit, ses relations avec les autres aussi. L'intimité devient impossible… »

Dans ses naufrages alimentaires ponctués de prises d'amphétamines coupe-faim et de diurétiques, Jane restait pourtant mince. Marilyn Monroe, elle, en revanche, passait aisément de cinquante-cinq à soixante-dix kilos au gré de sa vie sentimentale. Ses biographes racontent qu'elle pouvait aisément avaler d'un trait trois œufs avec des toasts, des hamburgers, trois assiettes de frites, deux tasses de chocolat au lait, des aubergines au parmesan… un triste festin qu'elle arrosait de Piper Heidsieck.

La nourriture névrose

Ce que l'on sait de la boulimie c'est qu'elle débute souvent après la puberté, à un âge où les adolescentes s'observent avec cruauté (« T'es boulotte », « T'es pas taillée dans un bâton de sucette ! »…)

De ce fait, chez certaines jeunes filles s'installe une peur semi-délirante d'être trop grosse… Peur aggravée par les stéréotypes de minceur véhiculés par la mode, le cinéma, la publicité. « Même si elles n'ont que quelques kilos superflus, elles vivent cependant leur corps comme démesurément difforme et monstrueux », constate la psychologue Yvonne Poncet. « Le corps devient obsession… ». La boulimie peut alors commencer par une courte période anorexique, c'est-à-dire un refus de manger, pour maigrir le plus rapidement possible. Dans la majorité des cas d'ailleurs, c'est après un régime que démarre la boulimie.

Seulement, toutes les femmes ne sont pas programmées physiologiquement pour être minces. Le corps fait immédiatement barrage. Il proteste. Le psychisme également. Et elles finissent par craquer et faire des crises de boulimie… Elles mangent, elles mangent, et basculent parfois dans ce comportement pathologique : l'orgie alimentaire. Une fois le processus enclenché, celle-ci peut durer des mois, des années. Car la multiplication des excès provoque un état dépressif qui, à son tour, accentue la boulimie.

Ce comportement alimentaire aberrant crée aussi un climat obsessionnel qui laisse peu de place aux activités intellectuelles : les échecs scolaires ou universitaires sont alors évidents, sans parler de l'absentéisme au travail.

Des femmes sans identité

Cela dit, l'obsession de la minceur ne peut tout expliquer. Elle n'est qu'un facteur adjuvant ou aggravant... Mais on ne peut ignorer que dans les publicités, au cinéma, etc., tous les succès — amoureux, professionnels, le regard des hommes — sont exclusivement réservés aux femmes diaphanes et aux mensurations compétitives.

Certes, toutes les femmes subissent le poids de ces stéréotypes. Mais les boulimiques les intériorisent plus que les autres. Elles ont une fragilité intime, une identité friable qui les rend plus sensible à cet idéal collectif de minceur. Elles s'imposent alors des régimes draconiens, martyrisent leur corps, violentent les régulations physiologiques du poids. En vain. Car le corps « se venge » en provoquant des attaques compulsives de boulimie.

Ce que l'on sait aussi de la boulimie c'est qu'elle frappe des femmes assaillies par la peur. La peur d'être, la peur d'exister par elles-mêmes. Elles n'existent qu'au travers de leurs parents, de leur mari, de leur métier. Ne parvenant pas à s'affirmer dans leur intimité, n'arrivant pas à trouver leur identité, ces adolescentes ou ces femmes finissent par avoir des comportements d'échec dans leur vie affective (et uniquement affective). En se gavant de nourriture, en mangeant sans contrôle, sans gourmandise, sans envie, les boulimiques tentent de neutraliser une souffrance qui est immense, d'étouffer tout ce qui crie en elles et n'arrive pas à s'exprimer... Bref, la nourriture sert de rempart à leur angoisse.

« En pleine charge de stress, ma boulimie était incontrôlable » raconte Agnès, quarante-huit ans, une femme frappée de plein fouet par une succession d'avatars familiaux : un mari qui la quitte, un garçon qui vit en concubinage avec un homme... Elle se met alors à manger à la folie pour éponger ses misères.

« Je me levais même la nuit, dit-elle, et j'avalais successivement n'importe quoi. En une demi-heure il m'arrivait de manger deux baguettes de pain, trois tartes, une boite de lentilles, un camembert et deux tablettes de chocolat, sans la moindre sensation d'être rassasiée. Cette boulimie a duré huit mois, mais finalement j'ai pu prendre mon mal en peine et ne rien casser avec les miens... »

« La boulimie est souvent solitaire et sans joie, ajoute Yvonne Poncet. Elle est fréquente chez les femmes laminées par des conflits intérieurs, ou qui se sentent vides d'intérêt, vides de sentiments. Pour faire taire ce vide, la solution la plus aisée est de le combler de nourriture. L'aliment est à peine choisi pour son goût ou sa qualité nutritive, sa fonction étant de remplir. Il s'agit alors de manger vite, sans préparation culinaire (la boulimique peut sans peine avaler un chou ou des nouilles crus), car l'accès boulimique prend un caractère d'urgence. Il est oppressant. »

Se réconcilier avec soi-même

Comment endiguer cette névrose alimentaire ? Comment soigner une boulimique ? « Parfois à l'aide d'antidépresseurs, répond le professeur Pierre Aimez[1]. Car cette affection peut être assimilée à une forme de dépression. Ensuite, nous leur proposons un programme alimentaire équilibré pour restructurer leurs prises d'aliments, leur réapprendre à discerner les signaux physiologiques de la faim.

Dans un premiers temps, il faut que cessent goinfreries et vomissements. Nous leur demandons de tenir une sorte de carnet de bord (voir encadré page 159) où elles notent à la fois tous leurs repas et les écarts qu'elles font au cours de la journée ; à quel moment ces orgies surgissent, et quels

1. Chef du service nutrition à l'Hôtel-Dieu à Paris.

sentiments, quelles émotions y sont liés. Ce carnet de route leur permet ainsi de mieux s'observer. La boulimique apprendra à reconnaître ce qui déclenche une fringale, à exprimer ce qu'elle ressent, à mieux maîtriser sa tension nerveuse et à concevoir une alimentation stable sur laquelle elle pourra s'appuyer. Plus elle mettra de distance entre elle et son habitude de se goinfrer puis de vomir, plus il lui deviendra facile de manger de façon saine jusqu'à ce que, le moment venu, elle puisse assumer un rapport moins rigide, plus spontané, avec son alimentation et son poids.

Seconde étape : se réconcilier avec son corps, avec soi-même. Les traitements font par exemple appel à la thérapie comportementale. On aide la boulimique à remplacer son comportement par un autre, à retrouver l'estime de soi, à affirmer sa personnalité vis-à-vis des autres. Par exemple, à apprendre à se mettre en colère (ce qu'une boulimique souvent ne sait pas faire), à contredire ou attaquer verbalement ses interlocuteurs, à exprimer ses opinions, à ne pas garder ses émotions pour elle-même, à adresser la parole à des inconnus.

Bien des boulimiques n'osent pas non plus demander quoi que ce soit aux autres. Les techniques d'affirmation de soi les incitent alors à assumer des situations « délicates », comme entrer dans un magasin de chaussures, essayer quatre paires et ressortir de la boutique sans rien acheter, payer leur quotidien habituel avec un billet de 200 F, ou demander systématiquement leur chemin aux gens qu'elles croisent dans la rue.

L'efficacité de cette technique tient surtout à un effet boule de neige : plus l'on s'efforce d'être sûr de soi, plus on le devient en réalité. Si cette méthode d'affirmation personnelle est souvent performante, elle n'est pas suffisante pour guérir une boulimique. Il faut aussi recourir à la relaxation, pour réduire les tensions immédiates et permettre de percevoir son corps autrement que gavé et nauséeux.

Effacer l'ardoise du passé

Mais, en fait, le traitement doit s'adresser à la tête. Diverses thérapies seront ainsi sollicitées pour mieux effacer l'ardoise du passé, car la boulimie prend souvent sa source aux origines même de la vie (relation mère-enfant perturbée dès le plus jeune âge par exemple). Ces thérapies se suivent individuellement ou en groupe. Leur but : aider les boulimiques à corriger l'image péjorative qu'elles ont de leur corps.

Très différente est la « gestalt analyse » utilisée en France par la psychanalyste Catherine Hervais. Cette ex-boulimique a choisi d'aider toutes ces femmes en détresse au moyen d'une psychothérapie analytique de groupe déjà utilisée au « Betty Ford Center » en Californie pour soigner les drogués et les alcooliques.

Les boulimiques, nous l'avons dit, sont toutes incapables de savoir qui elles sont vraiment, où elles en sont et ce qu'elles désirent. Elles vivent sous une identité qui n'est pas la leur. Dès lors, cette thérapie vise à leur apprendre qui elles sont vraiment, quelle est cette partie cachée de leur personnalité à laquelle elles ne donnent pas la parole et qui est obligée, pour s'exprimer, de craquer en boulimie…

A raison de vingt heures par mois (pendant un an ou un an et demi), les boulimiques arrivent ainsi à se découvrir sous un jour nouveau. Elles croyaient se connaître, et voilà qu'elles découvrent au fond d'elles-mêmes une autre personne jusqu'ici étouffée, réprimée…

Anorexie mentale : l'orgasme de la faim

Souvenez-vous de Sissi impératrice… Peut-être la plus célèbre des anorexiques (malgré ses un mètre soixante-douze, elle dépassait tout juste les quarante kilos).

Souvenez-vous également de Valérie Valère, cette écrivain surdouée qui ne surmonta jamais la blessure d'avoir été mal-aimée, bascula dans le refus de s'alimenter et finit par en mourir. Pourtant Valérie Valère était jeune, jolie et d'une intelligence éblouissante. Autant de cordes à son arc… mais l'arc était cassé. Elle était née privée de cette sève qu'est l'amour maternel. Conçue dans la médiocrité, élevée sans soleil par des parents qui ne « s'arrangeaient pas », elle porta toute sa vie les marques indélébiles de cette misère affective…

Son parcours désespéré commence à treize ans : elle cesse alors de manger. Elle ne se nourrit plus que de fruits et sa ration énergétique atteint tout juste les cinq cents calories par jour. Elle maigrit de manière vertigineuse : trente-cinq kilos, puis trente… Elle n'est plus que l'ombre d'elle-même. On l'interne. On la gave. Qu'à cela ne tienne, elle se fait vomir et organise une résistance passive face à l'aliment. Avant chaque pesée, elle va même jusqu'à avaler des quantités d'eau invraisemblables pour simuler une prise de poids.

Parallèlement, elle se lance dans une hyperactivité intellectuelle et une frénésie de lectures : Rezvani, Carol Oates, Le Clezio… A quinze ans, elle rédige en trois semaines « Le pavillon des enfants fous », (sa mère signera le contrat sans lire le livre, qu'on lui dit s'appeler « Du côté des enfants… »).

Avril 1979 : elle passe à « Apostrophes », car le livre est immédiatement devenu un best-seller. Son succès rebondit dans tous les médias. Elle récidive alors avec « Malika » et « Obsession blanche » où elle se révèle un écrivain de talent.

Qu'importe la gloire, elle persiste à s'affamer, tenaillée par cette obsession délirante : maigrir. « Je n'ai pas le courage de crier, je n'ai plus de force, je ne songe qu'à mourir » ; « Je perds mon corps, tout doucement... Je vais finir par perdre mon esprit aussi, je vais de miette en miette, je végète de jour en jour à travers l'univers des sans énergie, des sans appétit, des sans tout ce que vous voudrez. Chaque miette m'érafle la gorge comme une lame de couteau affûtée. Mon estomac se tord de douleur et de refus. »

Toutes ces crises d'anorexie, toutes ces tentatives désespérées pour être reconnue par sa mère, lui prouver son existence, tous ces appels au secours ricocheront en fait sur « cette femme, ma mère » et reviendront comme des boomerangs blesser à mort la jeune Valérie...

Le 7 janvier 1983 — elle avait vingt et un ans — Valérie Valère basculait définitivement dans l'Au-delà...

Un suicide alimentaire

L'anorexie mentale est sans doute la plus fascinante des maladies psychosomatiques, mais aussi la plus grave puisqu'elle représente une forme de suicide. Cas isolé que celui de Valérie Valère ? Pas du tout. Dans tous les pays occidentaux, l'anorexie devient même un grave problème de santé publique. Véritable épidémie outre-Atlantique, elle sévit aussi bien en Suisse qu'au Japon ou en France, et ce, dans tous les milieux. Chez nous, sa fréquence a même triplé ces vingt dernières années et l'on estime à 1 ou 2 % le nombre d'anorexiques dans la population des douze à dix-neuf ans (avec un garçon pour dix filles).

Autre constatation : l'âge de l'anorexie décroît. Classiquement, c'était une maladie touchant les jeunes filles entre quatorze et vingt ans, mais désormais, peut-être parce que l'âge de la puberté est plus précoce, même des petites filles peuvent en être victimes, dès l'âge de neuf ou dix ans. Phénomène inquiétant à cet âge puisqu'il peut provoquer un arrêt de la croissance.

Le portrait de l'anorexique ? Il est bien connu : il s'agit presque toujours d'une adolescente très éveillée, souvent plus douée que la moyenne, qui, soudain, se met à refuser la nourriture au point de se laisser progressivement mourir de faim : 5 à 10 % des anorexiques finissent ainsi tragiquement, par suicide, par dénutrition sévère ou par arrêt cardiaque (dû à la chute de potassium dans le sang).

L'amaigrissement prend bien sûr des proportions spectaculaires avec des chutes de poids qui atteignent quinze ou vingt kilos (alors que l'apport calorique quotidien féminin est normalement compris entre mille huit cents et deux mille cinq cents calories, il est souvent inférieur à trois cents calories chez l'anorexique). Dès lors, les fonctions vitales s'atrophient. L'appareil digestif devient incapable d'accomplir son rôle, ce qui rend parfois l'alimentation forcée obligatoire, et ce, en milieu hospitalier (au moyen de sondes de gavage). Curieusement, l'acharnement mené contre la faim est source de satisfaction, d'euphorie (les médecins parlent même d'« orgasme de la faim »).

L'adolescente vieillit, bien sûr, prématurément : les cheveux tombent, la peau se dessèche et se ride, les ongles deviennent striés et cassants, les poils du pubis tombent ou blanchissent, les dents se déchaussent… Ajoutez à cela d'autres symptômes : le pouls se ralentit (moins de soixante pulsations par minute), les extrémités se refroidissent, la tension artérielle chute… Autre caractéristique : les règles s'arrêtent, et ce, quelques mois avant la chute de poids. C'est d'ailleurs un signe avant-coureur de la maladie.

Mais la jeune fille ne se trouve jamais assez décharnée. Exemple, Marion, dix-neuf ans : elle a cessé de manger depuis trois ans. Elle se contente de grignoter, de picorer… Son poids normal : quarante-huit kilos. Son poids actuel : trente-sept kilos. Son poids idéal ? vingt à vingt-cinq kilos, dit-elle. Depuis des mois, elle vit ainsi dans la peur délirante de grossir. Le contrôle du poids fait même chez elle l'objet d'un rituel quotidien : pesée, mensurations…

Plus maigre qu'une queue de rat, elle connaît aussi tout ce qui peut effacer les kilos superflus : diurétiques, hydropompeurs, ou coupe-faim à base d'amphétamines. Sans oublier les laxatifs (« obsession de la vacuité du système digestif », disent les psychiatres). « J'aimerais être vide, totalement vide, inhabitée, même par moi », explique Marion.

Toujours et encore trop grosses

Obsédées par leur schéma corporel (d'où ce refus de leur corps charnel, mortel et dégradable) il n'est pas rare de voir des anorexiques pesant tout juste trente kilos se plaindre d'être trop grosses et de devoir encore mincir par tous les moyens (jogging forcené, pompes, gym intensive…).

Curieusement, elles n'arrivent plus à identifier les messages de leur corps : la fatigue provoquée par cet état morbide est ainsi rarement ressentie. « Elles restent hyperactives, courent, sautent, n'en finissent pas de forcer leurs corps amaigris », note le professeur Jeammet, l'un des plus grands spécialistes français de l'anorexie. « Elles vont, dit-il, jusqu'à la limite de l'épuisement, ce qui les rend souvent euphoriques. Le jeûne et l'exercice physique intense favoriseraient en effet la sécrétion d'endorphines cérébrales euphorisantes (sorte de morphine naturelle sécrétée par le cerveau)… »

Phénomène surprenant, l'anorexique peut soutenir la famine pendant des mois, flirter ainsi avec la mort et même le faire à l'insu de son entourage (un savant maquillage donnant l'illusion de la bonne santé).

Mais dans la majorité des cas, ce refus de manger déclenche des réactions de panique chez les parents (la mère surtout et nous verrons pourquoi). Dès lors, le cycle infernal est amorcé : chaque repas devient un drame, et l'épreuve de force s'instaure entre l'enfant et l'adulte… Commence alors une véritable petite guerre domestique et alimentaire.

Une révolte contre la mère

Sur les origines de l'anorexie, on a beaucoup écrit. Disons qu'elle a souvent trait au refus de la mère. Et cette révolte a pour cible l'aliment qui est le véhicule affectif de la mère (à la naissance, ne l'oublions pas, la première relation mère-enfant s'organise autour de la fonction alimentaire : tétée, succion, bouche…). Le rejet de l'aliment sera donc, plus tard, synonyme de rejet de l'image maternelle : une manière de refuser son emprise, de desserrer son étreinte, d'échapper à son aliénation.

Les jeunes anorexiques sont en effet très souvent des « enfants-images » qui se sont développées davantage en fonction de ce qu'attendaient leur mère ou leur entourage qu'en fonction de leurs propres désirs. La mère se plaint fréquemment de n'avoir pas pu se réaliser dans la vie (aspirations intellectuelles déçues, frustrations sociales ou sexuelles). Elle projette alors sur sa fille l'image de ce qu'elle aurait voulu être. Seulement, c'est une lourde tâche pour l'enfant que d'être le dépositaire du projet maternel avorté. Dès lors, en refusant de manger, elle refuse en bloc cette démarche et préfère se priver de nourriture, symbole d'un amour maternel ambigu, plutôt que de mener une vie toute tracée par la mère.

Les mères d'anorexiques sont fréquemment décrites comme froides, rigides, hyperprotectrices et quelque peu dépressives. Les pères, eux, seraient plutôt absents, inexistants, passifs… On les dit aussi soumis ou subjugués par leur épouse.

Autre constat : dans l'anorexie, il y a aussi le refus de la féminité : la jeune fille anorexique ne veut pas de hanches, pas de seins, pas de rondeurs… Les relations sexuelles, la grossesse, la maternité sont même considérées comme des aberrations. « Moi, je veux être comme un garçon, écrit Valérie Valère, sans poitrine, sans ovaires… mais sans sexe non plus. Vos règles, je ne les aurai jamais, il y a bien des femmes qui n'en ont jamais eu ; elles, au moins, elles ne font pas d'enfants… »

Bien évidemment, les transformations du corps à la puberté inquiètent les anorexiques. Elles ne veulent pas devenir femmes ; elles veulent arrêter le temps (refuser les aliments, c'est aussi rejeter ce qui fait grandir).

Le contrat de poids

Quant au traitement de l'anorexie, il est très long : trois à quatre ans en moyenne. Premier objectif : la réalimentation. Une tâche d'autant plus difficile que les patientes ne parviennent plus à identifier les signaux de la faim et le besoin de manger.

Il faut aussi être très patient, car il s'agit d'une épreuve de force : la séparation du milieu familial est donc habituelle, toute tentative d'alimentation forcée à la maison entraînant des vomissements et une aggravation de l'anorexie.

L'hospitalisation n'est pas toujours nécessaire ; elle ne le devient qu'à partir d'une certaine perte de poids (de 20 à 25 %) car la santé est alors en péril.

Les traitements ont aujourd'hui beaucoup évolué : on n'utilise plus les électrochocs ou les stimulants de l'appétit (hormonothérapie notamment) car ces thérapies étaient non seulement inefficaces mais dangereuses.

A l'heure actuelle, les méthodes sont beaucoup plus humaines : on bannit prises de sang, contrôles endocriniens, perfusions, cérémonies de la balance, etc. C'est surtout l'aspect dépressif et psychologique de la maladie qui est pris en compte. Pas de contrat autoritaire (« Tu sortiras d'ici à quarante kilos ! »), mais une négociation avec l'adolescente : on la rend responsable de sa courbe de poids ; elle décide elle-même de son régime avec la diététicienne.

L'autre volet du traitement c'est bien sûr la psychothérapie ; avec les anorexiques, la psychanalyse est en effet difficile car elles parlent très peu (plus elles s'expriment avec leur corps, moins elles peuvent le faire avec des mots). Cette psychothérapie, qui peut durer deux ans, évite à l'adolescente de se replier sur elle-même (des antidépresseurs sont également prescrits lorsqu'elle reprend du poids et se déprime).

Guérit-on complètement d'une anorexie ? En fait, un tiers seulement des patientes guérissent. Un tiers gardent des troubles permanents, au niveau du poids, des règles ou sur un plan personnel. Enfin, un tiers, malgré la reprise de poids initiale, versent dans un état d'anorexie mentale chronique de très sombre pronostic puisque 10 % d'entre elles en meurent…

L'aliment : une drogue déconnectante

Si la boulimie et l'anorexie restent des comportements extrêmes, il est d'autres maladies du savoir-manger bien plus répandues (alcoolisme, obésité, maladies cardio-vasculaires directement liées aux excès de sucre, de graisses...). Toutes prennent leurs racines dans les derniers replis de notre inconscient. « Dis-moi ce que tu manges, je te dirai qui tu es... » répétait naguère le professeur Trémolières. C'est vrai : psychologie et nourriture sont étroitement liées.

Toutes nos relations avec l'aliment trouvent leurs sources au plus profond de nous-mêmes. Elles ont un sens, étant en fait un langage inconscient. Toutes les maladies du savoir-manger sont, en réalité des maladies de l'anxiété, des blessures de l'unité ou de l'équilibre de l'être lui-même.

Celle-ci grignote à longueur de journée pour se tranquilliser, éponger son ennui, sa solitude. Tel autre boit pour répondre à une situation angoissante, effacer ses frustrations ou se couper à la fois du réel intérieur et du réel extérieur (le tabac lui aussi, est une drogue déconnectante). Tel autre, enfin, grossit quand il a des ennuis : pour lui c'est une façon comme une autre « d'hiberner » en interposant la graisse entre le « soi » et un monde extérieur devenu agressif...

Les perversions de l'appétit

A des degrés divers, nous utilisons tous notre fonction alimentaire pour résoudre nos problèmes de personnalité, évacuer les stress du quotidien, court-circuiter nos angoisses, petites ou grandes. Inutile de dire que ces perversions de l'appétit et la consommation excessive d'alcool touchent des légions d'individus. La France compte ainsi six millions de buveurs excessifs (dont cinq cent mille femmes). Et l'on estime à douze millions le nombre de Français qui souffrent de surcharge pondérale. L'hérédité, bien sûr, n'y est pas étrangère (la descendance de deux parents de forte corpulence a 80% de risques de devenir obèse, pour 14 % si les deux parents ont un poids normal).

Mais il faut y ajouter la dimension psychologique : 50 à 60 % des surpoids ont en effet une origine nerveuse : le poids peut basculer à la suite d'un événement douloureux : deuil, divorce mal vécu, chômage, etc. Ces chocs affectifs finissent par retentir sur les centres de commande de l'appétit et créent de faux besoins dans le cerveau. Non seulement on mange davantage, mais le métabolisme des graisses est perturbé. Conséquences : des amas de graisse et des placards de cellulite.

« Ces prises de poids d'origine psychosomatique sont plus fréquentes qu'on ne le croit », dit le corps médical. Et de citer ainsi des épreuves vitales mal supportées. Exemple : Marie-Paule, quarante-cinq ans, prend huit kilos à la suite de l'emprisonnement de son mari impliqué dans un trafic de devises. Annick, trente-huit ans, cinq kilos après la mort de son chien, pour lequel elle avait une affection sans doute excessive. Claire, quarante ans, plus de dix kilos après un mauvais divorce…

Quand le poids bascule

On pourrait aussi citer les obésités psychiques de déracinement : « Comme ces rapatriés d'Algérie qui ont jadis constitué d'énormes surcharges pondérales dans l'année qui a suivi l'arrivée en France : tout abandonner, ses biens, ses souvenirs, être fraîchement accueilli dans un pays où l'on est étranger, voilà de sérieuses raisons de basculer dans l'obésité », explique le docteur Jacques Moron (auteur des *Clés de votre poids*, Presses Pocket).

Autre exemple : la prise de poids postménopausique. Elle ne fait que traduire le choc qui suit l'arrêt des règles, véritable symbole de perte de la jeunesse, associée à la peur d'être abandonnée par le mari, de ne plus être désirée ou aimée…

« Des kilos excédentaires masquent très souvent un problème affectif ou relationnel », disent les nutritionnistes. « C'est la raison pour laquelle une prise en charge psychologique par le médecin est la plupart du temps nécessaire. Un régime mal adapté, ignorant les difficultés ou la psychologie du sujet est forcément voué à l'échec. »

Les troubles psycho-alimentaires

Qu'il s'agisse d'obésité, de grignotage ou d'anorexie, c'est le comportement humain dans son ensemble, corps et âme, qui est en cause. Il faut savoir que, dans le cerveau, les centres de la vie émotionnelle sont voisins de ceux de la faim… Les troubles de l'un rejaillissent nécessairement sur l'autre. Les stress, le surmenage, les insatisfactions affectives, sexuelles, etc., peuvent donc, par leur répétition, perturber ce merveilleux petit ordinateur de quatre grammes : l'hypothalamus. Les commandes de celui-ci vont alors s'anarchiser et le centre de l'appétit se dégrader. Certains individus peuvent ainsi grossir sans pour autant avoir mangé davantage.

« En choisissant tel ou tel aliment disait le professeur

Trémolières, nous recherchons aussi des sensations qui correspondent à ce que nous souhaitons être. Les hommes qui abusent des graisses, par exemple, sont souvent des êtres survoltés. Il faudrait aussi parler de l'effet stimulant ou réchauffant de la viande, de l'effet tranquillisant du ventre plein ou euphorisant des boissons alcoolisées. Et puis il y a tous ceux qui mangent n'importe quand, n'importe comment. Avaler a conservé pour eux le pouvoir tranquillisant du sein maternel… »

Les psychologues sont unanimes à dire que tout notre comportement alimentaire se détermine dans les premières années de notre vie. Et d'avancer l'explication suivante : si la maman répond au signal « faim » de son bébé en lui donnant à manger, la notion exacte de faim s'inscrira en lui ; mais si elle répond aux autres messages (besoin de tendresse, mal au ventre, couche trop serrée) par de la nourriture, le bébé ne saura plus alors faire la différence entre la faim et ses autres besoins. Si la mère ne reçoit pas « cinq sur cinq » les messages de son enfant, celui-ci va tout mélanger, ne distinguera plus pulsions physiques et émotionnelles, et cela risque d'entraîner une sérieuse confusion dans sa tête.

La diététique comprend ainsi des régimes (pour nous réapprendre les signaux de la faim, de la soif et de la satiété, etc.), de l'exercice physique, de la relaxation (pour mieux évacuer nos stress)… C'est enfin un art de vivre qui permet de se réconcilier avec soi-même et avec les autres. Ce faisant, on établit du même coup de bonnes relations avec les aliments…

Tenir son carnet alimentaire

Pour aider les boulimiques et les personnes sujettes à l'obésité, des médecins ont élaboré une approche comportementale. Objectif : modifier en douceur ses habitudes nutritionnelles. Comment ?

- *Tout d'abord, tenez un carnet alimentaire : notez tout ce que vous mangez pendant et en dehors des repas. La seule idée de rajouter une pâtisserie à cette liste freinera votre fringale !*
- *Notez votre état émotionnel : mangez-vous quand vous êtes gai ou quand vous avez des ennuis ?*
- *Pendant les repas, posez votre couvert toutes les trois bouchées jusqu'à ce que vous ayez fini de déglutir.*
- *Utilisez des petits couverts, des petites assiettes : vous diminuerez ainsi la taille de vos portions. Devenez difficile, devenez gourmet. Misez sur la qualité gustative.*
- *Bannissez les aliments qui peuvent se porter facilement à la bouche : amuse-gueule, sucreries, charcuterie.*
- *Pour lutter contre les fringales, gardez toujours dans votre réfrigérateur une assiette de crudités, un fromage à 0 % de matière grasse... ou des cornichons (excellents coupe-faim !)*
- *Faites toujours vos courses l'estomac plein. Résister à l'achat de friandises sera ainsi plus facile !*

6

Bleus de l'âme, maux de ventre et cœur brisé

La grande rébellion du ventre

Ce matin-là, Marie-Jeanne n'était pas à prendre avec des pincettes… Sa colère s'était attisée dans sa salle de bains, alors qu'elle tentait de mettre sa gaine… fort péniblement, d'ailleurs. « Les gaines, c'est comme la drogue, pensa Marie-Jeanne. On commence par les légères et on finit par les dures ! » Depuis quelques semaines, elle enfilait ainsi des gaines de plus en plus contraignantes pour dissimuler un abdomen sujet aux ballonnements et au météorisme.

Pire : sa colite s'était réveillée et ses intestins étaient de plus en plus irritables. Marie-Jeanne ne se faisait guère de doutes sur l'origine de ses malaises : son entreprise était à la veille d'une restructuration et son anxiété s'était fixée sur la partie la plus fragile de son corps : les intestins. C'est bien connu : l'abdomen est le haut-parleur de l'âme…

Pierre, lui, se gave à longueur d'année de « Tagamet » et de pansements gastriques. Il souffre d'un ulcère. Pour éviter les crampes et les torsions douloureuses de l'estomac, il ne prend bien sûr aucun aliment « acide ». Mais curieusement, chaque fois qu'il est en vacances, il peut tout avaler y compris des tartines de piment ou de harissa. Même les petits vins de pays ne lui brûlent plus l'estomac.

Dernier exemple : Katia, dix-neuf ans. A la veille de passer son permis de conduire, son œsophage s'est mis à faire « des nœuds » ; elle avait la fameuse boule œsophagienne, qui descend et remonte comme un drôle de petit ascenseur et se promène de la gorge à l'épigastre. L'angoisse de l'examen lui serrait la gorge et lui brassait les tripes au passage !

Marie-Jeanne, Pierre et Katia… Des personnalités différentes et un dénominateur commun : elles s'expriment toutes trois par leur tube digestif. Comme huit ou neuf millions de Français, elles ont choisi leur œsophage, leur estomac ou leurs intestins pour somatiser leurs angoisses ou leurs frustrations.

Aujourd'hui d'ailleurs, les troubles gastro-intestinaux constituent les maladies psychosomatiques les plus fréquentes : ils représenteraient un quart de la clientèle des généralistes et 80 % de celle des gastro-entérologues. Ce n'est guère surprenant : on connaît, depuis bien des lunes, l'impact des émotions sur le tractus digestif.

Le foie, l'estomac, le côlon sont les organes-cibles des névroses, ceux qui portent le fardeau de l'instabilité émotionnelle, de l'insatisfaction, de l'ennui... Des légions d'hommes et de femmes font ainsi le voyage du mental vers l'abdominal et le langage populaire s'en fait souvent l'écho : « J'ai l'estomac noué. » ; « Ça m'écœure. » ; « Je me fais de la bile. » ; « Ça me reste en travers du gosier.„ ; « Ce type me donne la colique. »

Le stress pèse lourd sur l'estomac

Toutes ces locutions nous montrent combien les émotions, les contrariétés affectent nos viscères. Il existe, il est vrai, des liens étroits entre l'appareil digestif et le système nerveux central (on parle même de « cerveau intestinal »). On peut multiplier les exemples : le stress notamment favorise les sécrétions acides de l'estomac (Cf. l'augmentation spectaculaire des perforations gastriques pendant le « blitz » de Londres). On arrive même à créer des « ulcères de contrainte » chez des rats immobilisés de force pendant plus de vingt heures (et les mêmes ulcères chez des hommes que l'on empêche de fumer !).

« Ça me reste sur l'estomac », dit-on souvent. Cette image correspond à une réalité physique. Un médecin américain l'a vérifié en introduisant du baryum (liquide qui permet de suivre à la radio, le transit du bol intestinal) dans la nourriture de deux groupes de chats. On a laissé le premier groupe digérer en paix dans une atmosphère douillette. Là, pas de problème, le repas est passé. Le second groupe, en revanche, était « bombardé » de stimulations lumineuses et sonores désagréables ; bien évidemment, les aliments sont restés coincés à tous les niveaux : œsophage, estomac, côlon…

Mêmes phénomènes chez l'être humain. Ainsi Gustave Flaubert chez qui l'angoisse de la page blanche suscitait de violents spasmes atrabilaires.

Le système digestif, qui va de la bouche à l'anus, est donc un immense clavier psycho-affectif sur lequel s'expriment les malaises les plus divers. Les plus étranges aussi, telle la glossodynie ou « syndrome de la langue brûlante ». C'est une véritable douleur, cuisante, et pourtant il n'y a pas de lésions de la langue. Cette affection se rencontre souvent chez la femme au moment de la ménopause. Elle serait liée à des tendances dépressives larvées.

Tout aussi étonnante : la proctalgie fugace ou douleur fugitive de l'anus. Ce trouble, presque toujours en rapport avec des difficultés sexuelles, survient surtout la nuit, souvent associé à des rêves érotiques. (Elle est deux fois plus fréquente chez la femme que chez l'homme.)

Des premiers biberons à l'ulcère

Voilà pour les curiosités médicales. Beaucoup plus répandus sont les ulcères de l'estomac (deux cent cinquante mille nouveaux cas chaque année), la colite (quatre millions de Français en souffrent) ou la constipation psychogène…

Pour mieux comprendre ces troubles psychosomatiques, il nous faut remonter dans le temps, aux premières semaines de la vie. Toute la vie affective, émotionnelle et relationnelle du nourrisson tourne en effet autour du tube digestif, le sein maternel ou le biberon étant synonymes de plaisir, d'affection et de sécurité.

Un retard dans la tétée, et c'est une sensation de frustration qui va se traduire par une colère immédiate… Quelque temps plus tard, le nourrisson sera confronté au problème de la défécation, à l'apprentissage de la propreté. Cette fois, la maman devient autoritaire, imposant une loi.

C'est donc encore sur un registre digestif que l'enfant va apprendre à obéir aux impératifs de la société.

A cet âge, il y a intrication étroite entre les facteurs digestifs et les facteurs psychiques… Comme l'adulte conserve souvent l'empreinte de ces premières expériences infantiles, toute anxiété, angoisse, difficulté relationnelle pourra alors retentir sur la sphère digestive…

Ulcère, colite, météorisme, dyspepsie, boule dans la gorge, mal au ventre seront donc l'expression organique d'un mal-être ou d'une difficulté de vivre.

Colite : une crise de larmes intestinale

Après le rhume de cerveau, ce serait, dit-on, la maladie la plus courante chez l'homme… Les colitiques envahissent, on le sait, les cabinets médicaux (ils représentent déjà plus de 50 % de la clientèle des gastro-entérologues), et provoquent souvent le désarroi, voire l'agacement des médecins généralistes. Car ces sujets présentent les troubles digestifs les plus divers : gaz, gargouillements, météorisme, ballonnements, mauvaise haleine, migraines, selles dures, constipation, diarrhées et mille autres phénomènes physiologiques à vous donner le vague à l'âme.

Curieusement, le côlon irritable ne s'accompagne d'aucune lésion visible. Le médecin a beau multiplier les radios, les coloscopies, les traitements médicamenteux, voire pratiquer l'ablation de l'appendice, il ne décèle rien : pas le moindre signe organique. Dans 90 % des cas, on ne trouve d'ailleurs aucun antécédent infectieux ou parasitaire. En attendant, le patient, lui, est plié en deux… de douleur, bien sûr.

Une maladie nerveuse

La colite, également baptisée « névrose colique » ou « spasmophilie intestinale » est en fait une maladie nerveuse qui frappe les sujets anxieux. D'ailleurs, le seul symptôme révélateur du côlon irritable est la coïncidence des poussées avec les chocs émotifs, les stress ou le mal de vivre du patient.

Ce serait, dit-on, l'équivalent intestinal de la crise de larmes ou un échappatoire qui masquerait des situations mal vécues : frustrations professionnelles ou affectives, surmenage nerveux, ennui… Comme la colite a tendance à devenir chronique, le malade peut alors basculer dans l'hypocondrie : il est obsédé par sa santé, focalise toute son attention sur son « côlon mécontent », connaît par cœur le résultat de son dernier lavement baryté, repère le moindre écart par rapport au bulletin précédent, etc.

Le terme d'hypocondrie nous vient de l'Antiquité grecque, les « hypocondries » représentant les organes mous comme le foie, la rate ou les intestins. « Lorsque ces organes sont dérangés, écrivait Galien, ils paressent, s'engorgent d'humeurs, de vapeurs et finissent par obscurcir le siège de l'âme. »

L'hypocondriaque — ou le colitique — ennuie alors tout le monde avec sa maladie, il évoque avec force détails ses dyspepsies, ses ballonnements, les aléas de son transit intestinal. Et que le médecin ne s'avise pas de lui dire que « c'est psychique », que « c'est dans la tête », il se fâcherait tout rouge !

Le profil du colitique

Diverses études psychosomatiques ont tenté de dresser le profil psychologique du colitique : pour les uns ce serait un être anxieux, quelque peu dépressif, hésitant et dépendant.

Pour le docteur Slaughter[1] c'est un individu hypersensible, toujours prêt à considérer les paroles ou les actes de ses proches comme des menaces à son égard. « Il évite les émotions et les heurts… Ainsi recroquevillé moralement, il accumule ressentiments, haines et anxiétés ; sa tension émotionnelle croît en déséquilibrant le système nerveux

---

1. *Votre corps et votre esprit*, Paris, 1952.

végétatif. Voici donc la partie basse du côlon bombardée par des décharges continuelles d'énergie nerveuse ; un spasme se produit : c'est la constipation. Puis, si le bombardement persiste, des lésions organiques se constituent : c'est alors la diarrhée, accompagnée parfois de pertes sanguines et d'érosions de la muqueuse. »

Bien que plus fréquente entre vingt et quarante ans (elle touche deux tiers de femmes), la colite se rencontre aussi chez les enfants, soit sous forme de douleurs abdominales diffuses, avec ou sans constipation, soit sous forme de diarrhées intermittentes. Cette colite est alors souvent synonyme de « peur au ventre » : peur des compositions, peur de ne pas être à la hauteur et de décevoir ainsi des parents exigeants. (Une étude menée sur deux cent trente enfants ayant des difficultés scolaires, a révélé que 32 % d'entre eux souffraient de côlon irritable).

Quant au traitement de la colite, il passe bien sûr par une bonne écoute du patient, une sorte de psychothérapie de soutien. Le sujet apprendra à faire le lien entre sa colite et sa tension émotionnelle (insatisfaction chronique, déception, difficultés sexuelles, sentiment d'horizon bouché…).

Il faudra aussi le convaincre de canaliser son angoisse, son anxiété, dans la pratique d'un sport, d'un hobby ou de tout autre activité constructive… Enfin, le médecin pourra parfois prescrire — mais avec prudence et sur des périodes relativement courtes — divers sédatifs ou tranquillisants.

Quand l'estomac voit rouge

Tiraillements, brûlures, crampes abdominales douloureuses, voilà les symptômes majeurs de l'ulcère gastro-duodénal. Ils apparaissent souvent la nuit, entre une heure et trois heures du matin et se calment au moment du réveil. L'origine de cette douleur est bien connue : il s'agit d'une hypersécrétion d'acide chlorhydrique qui atteint son maximum deux à quatre heures après les repas.

La prise d'aliments, les antiacides et le repos calment presque toujours la douleur qui, en revanche, se trouve exacerbée par tout écart au régime prescrit, par les émotions fortes, l'état d'excitation, la fatigue ou le tabac… Voilà ce que dit le dictionnaire médical.

Mais on sait aussi que l'ulcère est presque toujours la conséquence d'une tension émotionnelle prolongée. Une étude a montré que 84 % des ulcéreux avaient vu leurs symptômes survenir peu après un événement stressant dans le domaine des finances, de la santé ou de l'affectivité.

Des sucs gastriques trop agressifs

Et puis, l'homme ne se nourrit pas seulement de pain. Au cours de son existence, il doit parfois « avaler des couleuvres », des humiliations, des échecs. L'estomac réagit à ces phénomènes comme s'il devait les digérer : il sécrète des acides, mais l'estomac n'est pas toujours plein et ces sucs gastriques en rongent peu à peu les parois : l'estomac finit par se dévorer lui-même. Non traité, ce mal aboutit à l'hémorragie massive et la perforation. Des marées émotionnelles de longue durée peuvent ainsi créer des lésions irréversibles. La colère, les rancœurs ou les ressentiments peuvent également déclencher des sécrétions exagérées d'acides et congestionner les muqueuses de l'estomac. « On sait avec quelle facilité rougit la figure d'une personne en colère ; on comprend que l'estomac puisse en faire autant », écrit ainsi Slaughter[1].

Cet auteur rapporte la célèbre expérience de Wolff qui avait observé un sujet nourri depuis l'enfance par une ouverture pratiquée chirurgicalement dans la paroi de l'abdomen.

« Il s'agissait, raconte Slaughter, d'un homme qui avait accidentellement absorbé de la soude caustique lorsqu'il était enfant. Les brûlures consécutives avaient provoqué un rétrécissement de l'œsophage, si prononcé que toute alimentation était devenue impossible. (De tels accidents ne sont pas rares.)

« Comme il est habituel en pareils cas, on avait donc eu recours à une opération chirurgicale consistant à pratiquer dans l'estomac une ouverture par laquelle l'alimentation redevienne possible. Par cette ouverture, on peut examiner à loisir la muqueuse gastrique — la surface intérieure de l'organe.

« Wolff observa donc la muqueuse gastrique de son sujet au cours d'expériences variées, après avoir vérifié qu'elle était saine, sans aucun ulcère. Il s'aperçut que sous l'influence d'un ressentiment ou d'une colère, cette muqueuse subissait les mêmes modifications que dans les cas d'ulcères : en particulier, elle était le siège d'une forte congestion. Quand le sujet était calme, en revanche, la sécrétion de suc gastrique diminuait en quantité et en acidité, et la muqueuse devenait pâle. »

---

1. *Votre corps et votre esprit*, Paris 1952.

La mauvaise humeur peut chasser l'ulcère

L'ulcère est aussi une maladie de l'agressivité intériorisée. Selye (l'« inventeur » du stress) demandait ainsi un jour à un amiral tyrannique et autoritaire s'il n'avait pas d'ulcère. « Non, répondit-il, mais j'en donne aux autres »[1] « Il faut donc extérioriser son agressivité, constate le docteur Margaret Crepeau de l'Université de Marquette dans le Michigan. Pleurer, par exemple, ça fait du bien : on retrouve d'ailleurs beaucoup moins de cardiaques, d'hypertendus et d'ulcéreux parmi les gens qui se laissent aller à pleurer. »

Bref, quand on en a « ras-le-bol », (le bol alimentaire, bien sûr), il ne faut surtout pas intérioriser sa mauvaise humeur. Beaucoup d'ulcéreux se sont ainsi allongés sur le divan du psychanalyste, car il y a forcément un conflit émotionnel de base qui gronde dans leur subconscient. En déterrant ces vieux conflits, on peut alors mieux dépister et guérir la maladie.

Le conflit de base trouverait son origine dans la petite enfance : tout petit, l'individu aurait été privé d'amour paternel et maternel. Or, l'on sait que chez le bébé, le sentiment d'être aimé, l'impression de bien-être et de sécurité affective, sont très fortement liés à l'alimentation. Un enfant frustré, privé d'affection, risque d'avoir plus tard ce que l'on appelle des troubles de l'oralité. Dès qu'il est confronté à une difficulté, il la gère sur un mode oral : alcoolisme, tabagisme… On remarquera d'ailleurs que les ulcéreux fument beaucoup plus et/ou consomment davantage d'alcool et de médicaments que les non-ulcéreux (ce qui n'arrange pas leur muqueuse).

L'ulcéreux est aussi une sorte de docteur Jekill et Monsieur Hyde : inconsciemment, il désire être choyé, aimé, dorloté, assisté… Il a une faim immense d'affection. Ce

1. Rapporté par P. Loo, in *Le Stress permanent* (Masson).

besoin d'amour, de tendresse est déjà à même de provoquer des sécrétions acides de l'estomac. Cependant, il ne laisse nullement transparaître ce désir de protection, de dépendance infantile, qui est, au contraire, refoulé au fin fond de son inconscient et il a plutôt tendance à montrer à son entourage une image d'hyperactivité, d'ambition, d'indépendance, de dynamisme (ne dit-on pas que l'ulcère est la maladie des cadres et des P.D.G. ?). C'est sa manière de compenser ses frustrations.

L'ulcéreux va ainsi à l'encontre de sa nature profonde et ce conflit réprimé (dont il n'a pas conscience) va écorcher à son tour l'estomac ou le duodénum par des flots incessants d'acides gastriques…

Mon foie, connais pas !

Notre foie a bon dos. Que survienne, au lendemain d'une soirée bien arrosée, un mal de tête accompagné de nausées, de vomissements et d'une langue « chargée », et voilà incriminée la « crise de foie ». De même la constipation, les digestions difficiles ou les embarras gastriques sont volontiers attribués à une « petite » insuffisance ou une « paresse » hépatique. Bref, le foie est le bouc émissaire de tous nos maux (ou presque).

La preuve : le dictionnaire Vidal des spécialités pharmaceutiques ne compte pas moins de cent quarante médicaments destinés à stimuler ou protéger les fonctions hépatobiliaires. « Des produits à l'efficacité douteuse explique le corps médical, car l'essentiel de cette pharmacopée est composée de placebos (médicaments fictifs) ou de produits de confort.

Les Français seraient encore plus étonnés d'apprendre que sur un plan strictement médical « la crise de foie n'existe pas. Cette expression est à rayer du vocabulaire, même si certains médecins, de plus en plus rares, continuent à l'employer.

Pourtant, passé trente-cinq ans, un homme sur deux et huit femmes sur dix affirment souffrir ou avoir souffert de ce qu'ils appellent des crises de foie.

A quoi peut-on donc attribuer ces malaises et ces douleurs ? Avant tout à des problèmes de côlon (la crise de foie proviendrait, dans 80 % des cas, d'une anomalie des contractions du gros intestin) ; ou à des calculs de la vésicule biliaire (ce phénomène concerne cinq millions de Français) : ainsi, la fameuse « colique hépatique » correspond en réalité à la douleur fulgurante d'une crise de calculs.

La « crise de foie » peut aussi se classer parmi les maladies psychosomatiques. Bien des patients feraient mieux de remplacer leurs médicaments hépatoprotecteurs par des tranquillisants, affirme le corps médical, ou mieux, par des cures de détente (relaxation, yoga, exercice physique…).

Il existe cependant de réelles maladies du foie, hépatites et cirrhoses notamment. Les responsables essentiels sont des virus, l'alcool et plus rarement des médicaments, des poisons (l'amanite phalloïde…) qui attaquent et détruisent les cellules hépatiques. Mais curieusement, un foie ainsi atteint ne fait pas mal.

Hormis certaines tumeurs, les vraies maladies du foie — hépatites, cirrhoses — n'entraînent pas de douleurs localisées. Plus étonnant : pour que l'atteinte présente un danger de mort, pour que le foie devienne incapable d'assurer ses fonctions, il faut que les trois quarts des trois cents milliards de cellules hépatiques aient été détruits. Ces cellules ont d'ailleurs une fantastique puissance de régénération. Pour une tumeur localisée, par exemple, on peut supprimer chirurgicalement jusqu'à la moitié du foie, et en trois semaines, l'organe est totalement reconstitué !

Constipation : l'avarice intestinale

Un Français sur cinq constipé, cinquante-quatre millions de boites de laxatifs vendues chaque année en France, neuf cents millions de francs dépensés et cent vingt marques de laxatifs proposées aujourd'hui en pharmacie, voilà résumé le fabuleux marché de la constipation.

Pour mieux comprendre cette affection, il faut d'abord savoir que le transit intestinal est variable selon les sujets et qu'il est considéré comme normal de trois selles par jour à trois selles par semaine. On considère comme constipé un sujet ayant moins de trois selles par semaine ou moins de 35 g de selles par jour.

Il existe en outre des petites constipations nerveuses ou psychogènes qui peuvent surgir chez des gens tout à fait « normaux » : elles apparaissent à l'occasion de voyages, d'alitements prolongés ou de grossesses, et sont toujours réversibles.

La constipation chronique est en revanche plus difficile à définir : elle peut d'abord être forgée de toutes pièces par une mère trop attentive au transit de son enfant ; la selle quotidienne, sa qualité, sa consistance font l'objet d'une surveillance obsessionnelle, allant jusqu'à la stimulation au moyen de suppositoires à la glycérine et autres laxatifs…

Chez l'adulte, les exigences de la vie quotidienne peuvent également perturber ce transit intestinal : départs matinaux précipités, toilettes peu accueillantes au bureau, contraintes professionnelles qui empêchent la satisfaction immédiate du besoin… Résultat : la sensibilité rectale finit par disparaître. Ajoutons à cela les déséquilibres alimentaires (manque de fibres, restriction de boissons...), la sédentarité, le manque d'exercice ou encore les préjugés culturels ou familiaux, certains estimant qu'il faut émettre au moins une selle par jour et aggravant alors leur constipation par l'usage immodéré de laxatifs.

Et puis il y a les obsédés fécaux, les rituéliques de la défécation qui forcent sur les purges, les lavements et les laxatifs de plus en plus drastiques (huile de ricin, séné, bourdaine...), finissant par générer la fameuse colite médicamenteuse.

On sait enfin que l'intestin peut répercuter les états d'âme de l'individu : dans le cas de la constipation, il exprimerait la retenue, la méfiance à l'égard des autres, l'égoïsme : n'espérant rien des autres, il ne leur donne rien, pas même ses excréments. La relation selle-argent serait aussi très fréquente, les déchets étant ainsi retenus chez l'avare comme s'ils avaient une valeur réelle (la constipation devient alors synonyme d'« avarice du canal intestinal »).

Si ce trouble est souvent le fait de gens « qui se retiennent, dans la vie, nul ne sera surpris d'apprendre qu'il touche souvent les femmes frigides : elles n'arrivent pas à se donner, s'abandonner, et cette attitude retentit alors sur le transit intestinal.

Il faut enfin savoir que 80 à 90 % des constipés présentent un fond d'anxiété quasi permanent (des sédatifs ou des petits anxiolytiques sont parfois proposés pour relancer les fonctions excrémentielles).

Le cœur gros

Rappelez-vous la scène finale des *Visiteurs du soir*… Les deux amants (Arletty et Alain Cuny) sont brutalement transformés en statues de pierre par un diable malveillant. Mais sous la pierre, leurs deux cœurs sont restés bien vivants et persistent à battre, bravant ainsi ce démon fou de rage.

Cette scène fait frissonner les cinéphiles, et les sourdes pulsations des deux cœurs battant à l'unisson n'y sont pas étrangères. Le cœur, il est vrai, a toujours exercé sur l'homme une éblouissante fascination. Cette horloge prodigieuse nous accompagne de la naissance à la mort et même bien plus encore : sait-on que chez l'embryon, avant que le cœur ne soit formé, les cellules qui le composeront sont animées de pulsations spontanées dès la première semaine ?

C'est un muscle aussi infatigable que fantastique : chez l'adulte, le cœur se contracte environ soixante-dix fois par minute, ce qui donne le chiffre déjà impressionnant de cent dix mille fois par jour, soit un peu plus de trois milliards de fois dans une existence moyenne !

Symbole de vie, organe mythique, le cœur a toujours été considéré comme la partie la plus noble du corps humain. Aussi était-il jadis souvent extrait après la mort pour être pieusement conservé. Celui de Voltaire est à la Bibliothèque nationale, celui de Chopin dans la cathédrale de Varsovie et l'on rapporte que dona Juana Maria de la Vega, préceptrice d'Isabelle II d'Espagne, portait toujours sur elle, dans un écrin d'argent, le cœur de son défunt mari…

Pompe sanguine, nœud vital, centre du corps, le cœur est proverbialement associé à l'âme, à l'affectivité, aux émotions. Notre langage en fait foi : « avoir du cœur », « avoir le cœur brisé », « le cœur sur la main », « un cœur de pierre »

Un organe hypersensible

Des expressions comme « avoir le cœur lourd » ou « en avoir gros sur le cœur » ne sont pas non plus nées du hasard, constate le docteur Brenot dans *Les Mots du corps*[1]. « Même si ce sentiment est d'abord et surtout moral, dit-il, cette sensation douloureuse du thorax et de la région du cœur est une réalité de par le ralentissement du rythme cardiaque et l'augmentation de la stase vasculaire qui donnent cette impression de “cœur lourd”. » Autre exemple rapporté par le docteur Brenot : « Avoir le cœur serré »… Le resserrement, la constriction thoracique, cardiaque et vasculaire qui peut accompagner l'émotion, une contrariété ou une frustration, monte vers la mâchoire et descend dans le bras gauche, celui du cœur. C'est aussi la marque de l'angine de poitrine et de l'infarctus. Mais on sait aussi que derrière chaque infarctus, il y a le stress. »

Ainsi, le cœur est un organe très sensible qui réagit vivement à tous les stimuli physiques, à la plupart des émotions et aux tensions qui affectent l'esprit ou le corps. Nous avons déjà évoqué (voir le chapitre *Des maux pour le dire),* la mort subite de Lyndon. B. Johnson au lendemain du jour où son successeur Richard Nixon, envoyait aux oubliettes son fameux programme de la *Great Society.* Cet ex-président des USA en fut tellement contrarié qu'il fit immédiatement une décompensation cardiaque qui lui fut fatale.

Sur un autre registre, on peut rappeler la mort du président Félix Faure, décédé dans les bras de sa maîtresse, la belle Marguerite Steinheil, sans doute après de vigoureux

1. Éditions Le Hameau.

ébats. Appelé en hâte à l'Élysée, le médecin demanda à l'huissier :

« Le Président a-t-il encore sa connaissance ?

— Non, répondit le brave homme, elle est partie par la porte du jardin. »

L'anecdote fit jaser toutes les gazettes et enchanta les chroniqueurs. « Il voulut être César, dit ainsi Léo Campion à propos de Félix Faure, mais il ne fut que Pompee. »

On sait pourtant que chez l'homme, l'activité sexuelle habituelle (entendez conjugale) n'est pas très épuisante. Certes, ce genre de « secousse » pcut mettre du vague dans les mollets, mais un rapport sexuel normal ne demande pas plus d'énergie que l'ascension de deux ou trois étages.

Autrement dangereuses sont les aventures ou les relations passionnées avec une maîtresse ! La tension émotionnelle accélère la fréquence cardiaque et fait monter en flèche la pression artérielle. Une étude japonaise vient de confirmer que 80 % des accidents cardiaques liés à l'activité sexuelle survenaient au cours de rapports extra-conjugaux.

Même le « coup de foudre » est facteur de stress : on sait que ce « coup au cœur » active notre cerveau émotionnel, qui lui-même excite l'hypothalamus. Ce dernier libère alors de manière accélérée des neurohormones du stress, les catécholamines : le cœur bat plus vite (quatre-vingt-dix pulsations à la minute au lieu de soixante-dix) ; la respiration s'accélère ; la tension monte, les mains deviennent moites et les pupilles, inconsciemment, se dilatent. S'ajoute à cela une certaine euphorie…

Infarctus : plus qu'un problème physiologique

Moins drôles sont les stress de la vie courante, l'étreinte des angoisses quotidiennes, les agressions professionnelles. Ces émotions soumettent nos artères à des spasmes répétés qui finissent par les épuiser. Le stress provoque en outre des agrégations plaquettaires, multipliant ainsi le risque de thrombose (caillot sanguin) dans l'un ou l'autre de nos cinquante-six kilomètres de vaisseaux.

Un caillot dans une artère du cerveau et c'est l'accident cérébral : soixante mille décès par an en France sans oublier soixante mille rescapés qui souffrent de séquelles diverses (nos neurones ne supportent pas les pannes de circuit : trois minutes sans oxygène suffisent à créer des lésions irrécupérables). Un caillot dans le myocarde (vaisseau qui irrigue le muscle cardiaque) et c'est l'infarctus (un décès toutes les vingt-six minutes).

Les médecins ont beau guerroyer contre les excès de table (« Cholestérol : l'assassin dans votre assiette »), le tabagisme (« Plus sûr que la roulette russe »), il ne faudrait pas pour autant ramener l'infarctus à un simple problème de plomberie bouchée. Car la crise cardiaque figure parmi les maladies psychosomatiques majeures.

Aux causes somatiques habituelles (hyperlipidémie, obésité, sédentarité…), il faut ajouter divers éléments psychologiques : les coronariens ont en effet un profil de personnalité bien précis, une manière très personnelle de réagir aux stress.

Il faut en effet savoir qu'on ne « naît » pas stressé. On le devient au gré des circonstances de la vie. L'infarctus serait ainsi plus fréquent chez les anxieux, les jaloux, les insomniaques, les coléreux, les hystériques… Davantage de coronariens également chez les célibataires et les divorcés (le mariage est bon pour les artères !).

Deux médecins américains ont ainsi dégagé deux grands types de profil psychologique répondant chacun différemment aux stress de la vie quotidienne.

Le profil A : son représentant est prédisposé au stress et figure parmi les candidats à haut risque cardiaque. Hyperactif, présent sur tous les fronts et toujours pressé, il semble « crucifié » sur les deux aiguilles de sa montre. Son seul credo : la compétitivité. On le reconnaît à son activité débordante et désordonnée. Il se brosse les dents, lit le journal et écoute la radio en même temps. Il fume à bouffées précipitées. Son élocution est vive et agressive. Il est impatient avec ceux qui lambinent. Il dit « oui, oui » pour accélérer le débit de ses interlocuteurs (quand il ne termine pas leurs phrases !). Il est perfectionniste (indice d'autosatisfaction, mais cette attitude vise surtout à prévenir toute critique) et s'investit totalement dans ses activités professionnelles. Ses gestes sont saccadés, sa mimique expressive, parfois agitée par des chassés-croisés de tics. Caractéristique curieuse : on s'est aperçu que son fauteuil n'était souvent usé que sur l'avant du siège. Il est en effet incapable de s'enfoncer confortablement pour se détendre !...

Le profil B : il s'oppose point par point au précédent. Son représentant est calme, patient, poli, facile à vivre, peu irritable. Il ne travaille pas dans l'agitation et se montre bien plus efficace que celui du type A. Il n'éprouve aucune culpabilité à ne rien faire. Il aime la compétition, non pour gagner mais pour s'amuser. Il n'impose aucun contrôle rigide sur ceux qui l'entourent.

En résumé, on a constaté que ces sujets de type B contractaient deux fois moins de maladies de cœur que les sujets de type A. Le stress, inhérent au profil A, produit en effet des perturbations biologiques directement liées à l'apparition de l'athérosclérose : élévation de la noradrénaline, du cholestérol, des acides gras et de l'agrégation plaquettaire. D'où l'idée de certains médecins de faire basculer les individus de type A dans un comportement de type B.

Il existe même aux États-Unis des stages de déconditionnement : moyennant neuf cents dollars, les personnes déjà victimes d'infarctus apprennent à patienter dans une file d'attente devant l'épicerie, à marcher et parler plus lentement, à passer quinze minutes par jour à ne rien faire ou à rester à table après le repas. Elles répètent ces attitudes jusqu'à ce qu'elles deviennent des habitudes...

Ces thérapies de comportement sembleraient efficaces puisqu'à peine 9 % des malades ainsi traités font des rechutes.

Vraies et fausses douleurs cardiaques

Qui, un jour ou l'autre, n'a jamais ressenti un point douloureux dans la poitrine, et ne s'est pas légitimement inquiété ? Il est vrai que les douleurs situées dans la région du cœur font toujours naître la crainte d'une angine de poitrine, voire d'un infarctus du myocarde. Mais il n'en est ainsi que dans une infime minorité de cas, généralement faciles à reconnaître. Bref, le cœur a parfois « bon dos„. Voici un petit aperçu de ces « fausses » douleurs cardiaques.

• *Les douleurs liées au stress :* elles se caractérisent par une sensation d'oppression, située très exactement sous le sein gauche. Elles peuvent aussi ressembler à un coup de poing, ou à un pincement siégeant à la pointe du cœur. Affectant de préférence les personnes jeunes, anxieuses ou déprimées et sujettes aux palpitations et à l'essoufflement, elles surviennent le plus souvent à la suite d'une émotion et disparaissent avec la prise de calmants du système nerveux.

• *Les douleurs de l'œsophage :* normalement, nous ne sentons pas le passage des aliments de la gorge à l'estomac au travers de l'œsophage. Il peut néanmoins faire mal si la partie inférieure de celui-ci n'est plus étanche : le liquide acide de l'estomac remonte alors dans l'œsophage, provoquant des brûlures derrière le sternum (quatre millions de Français souffrent ainsi de reflux gastro-œsophagien). Ceci se produit volontiers après le repas, ou lorsque le sujet se penche en avant vers le sol. La position assise ou debout calme ces douleurs, ainsi que les pansements digestifs.

• *Les douleurs intercostales ou musculaires :* on les appelle aussi douleurs de paroi. Elles peuvent surgir après un faux mouvement (mauvaise position la nuit, conduite en voiture) ou à la suite d'efforts musculaires répétés. L'exercice, la gymnastique et même la course à pied mettent en effet les côtes à dure épreuve et provoquent des élancements dans le thorax. Le sportif croit, à tort, avoir affaire à une atteinte cardiaque. Pour bien identifier ces douleurs de paroi, il suffit de respirer à fond : normalement, la sensation pénible surgit immédiatement.

L'arthrose cervicale ou dorsale peut aussi générer des névralgies intercostales. Dans ce cas, la douleur a un caractère inconstant et sa localisation est également variée. Elle n'est pas liée à l'effort, mais plutôt aux changements de climat et de saison, ou à un simple mouvement de la tête ou des bras.

Les vrais signes de l'infarctus

La plupart du temps, la crise cardiaque est annoncée par des symptômes bien précis, la douleur d'angine de poitrine notamment. Elle est ressentie à l'occasion d'un effort ou d'une émotion, voire sans cause apparente, durant le sommeil par exemple. Cette douleur, d'intensité variable, siège au milieu de la poitrine, en arrière du sternum, occupant une zone d'une largeur équivalente à une ou deux mains ouvertes. C'est alors une sensation angoissante de serrement (« comme un étau »). La douleur peut se propager dans la mâchoire (« comme une rage de dent »), dans les épaules, les bras, le dos. Elle peut être brève (quelques minutes) ou plus longue (une heure) et s'accompagner d'une grande fatigue, de nausées, de sueurs.

Autre signal d'alarme : des douleurs plus localisées, de siège et de durée variables, ressemblant à des brûlures ou des meurtrissures. Vous devez considérer ces signes comme de réelles menaces pour votre cœur et faire appel, sans attendre, à votre médecin.

Hypertension : « the silent killer »

Le Concile Vatican II a-t-il eu des propriétés hypertensives ? Question saugrenue, direz-vous. Pas si sûr : une étude réalisée dans un monastère bavarois a montré que les vieux moines trappistes avaient vu leur tension s'élever à la suite de ce concile et atteindre des sommets inhabituels.

Il faut dire que ces moines contemplatifs avaient du mal à s'adapter aux nouveaux rituels liturgiques. L'assouplissement des règles internes au monastère était pour eux synonyme de désacralisation. Tout cela fut donc facteur de stress et générateur d'hypertension.

L'insidieuse pression du milieu

C'est bien connu, les émotions répetées, l'ébranlement prolongé du système sympathique entraînent une augmentation permanente de la tension artérielle[1]. On l'a constaté sur les habitants de Léningrad pendant le siège de la ville.

Idem pendant la campagne de Lybie : 30 % des soldats britanniques combattant l'Afrika Korps du maréchal Rommel souffraient d'hypertension chronique.

Autre exemple de corrélation entre psychisme et pression artérielle, rapporté par des médecins russes : au cours des dramatiques inondations du fleuve Amour au printemps 1951, on avait mesuré la tension des habitants des

1. Au moment des accords de Yalta, la tension du président Roosevelt monta à 30 !

deux rives. Cette pression était anormalement élevée chez les populations habitant la rive submergée. Sur la rive opposée, en revanche, (qui n'avait pas eu à souffrir de cette crue monumentale) les habitants présentaient une tension tout à fait normale.

Cette liaison stress-hypertension s'explique aisément : en cas d'agression ou d'émotion, le cerveau sécrète immédiatement des « hormones de stress », parmi lesquelles on trouve l'adrénaline. Cette décharge d'adrénaline accélère les battements du cœur, rend ses contractions plus puissantes, et, en même temps, contracte légèrement les vaisseaux sanguins. Une plus grande quantité de sang passe donc dans les vaisseaux rétrécis et la pression augmente.

Autre origine de stress pouvant affecter la tension artérielle : le bruit. Le « mal bruit » bien sûr : c'est la circulation routière (cinquante mille fenêtres de banlieusards, par exemple, donnent sur le périphérique parisien, s'ouvrant sur une pollution sonore supérieure à 80 décibels), c'est le pool dactylographique (75 décibels), ou encore la trilogie du week-end : perceuse, tronçonneuse, tondeuse. Sans oublier la bouteille vide jetée à trois heures du matin dans le vide-ordure, qui peut faire monter à 26 ou 28 la pression systolique d'un individu.

Même les animaux n'y échappent pas : on s'est aperçu que 50 % des chats soumis à des aboiements permanents faisaient de l'hypertension artérielle !

Une remarque importante : le stress n'est pas, à lui seul, responsable de l'hypertension. Celle-ci reste bien sûr une maladie plurifactorielle : il faut ajouter l'hérédité, la mauvaise hygiène alimentaire, l'obésité (une perte de poids de dix kilos abaisse la pression minima de 20 mm de mercure soit moins 2 de tension) et le tabagisme : après deux cigarettes, par exemple, la pression artérielle diastolique (le chiffre le plus bas) augmente de 1 à 2 unités, et la pression systolique (le chiffre le plus haut) de 0,5 à 1,5 unités.

Une agression à petites doses

Huit millions de Français, soit 15 % de la population, souffrent aujourd'hui d'hypertension. Un phénomène gravissime si l'on sait que cette affection est à l'origine de 30 % des accidents cardio-vasculaires : hémorragies cérébrales, cécité par hémorragie rétinienne, artérite, rupture d'anévrisme…

Selon l'Organisation mondiale de la santé, l'hypertension serait caractérisée par des chiffres tensionnels supérieurs à 15 pour le maximum et à 9 pour le minimum.

Pour être plus clair, disons que l'hypertension est comparable à la circulation d'une trop grande quantité d'eau dans un tuyau d'arrosage : plus la pression est forte, plus le tuyau est distendu et se craquèle. L'hypertension est une agression à petites doses, au quotidien. A chaque pulsation du cœur, les parois des artères doivent absorber des chocs supérieurs à ceux pour lesquels elles ont été prévues. Sous les coups de boutoir de chaque battement, ces parois s'endommagent peu à peu.

Les graisses ont en outre tendance à s'accrocher davantage sur ces parois lésées. Elles s'agglutinent et forment des plaques d'athérome, sortes de dépôts constitués de graisse et de cellules gorgées de cholestérol qui rétrécissent le calibre des artères. Celles du cœur et du cerveau sont les plus menacées par la formation de caillots (thrombose coronaire ou cérébrale) ou par la rupture et l'hémorragie.

Fait inquiétant : l'hypertension se développe le plus souvent, sans symptômes particuliers (50 % des hypertendus n'ont aucun malaise). D'où son nom de *silent killer* (tueur silencieux).

On comprend donc la nécessité de surveiller régulièrement sa pression sanguine, ce qui n'est pas chose facile car celle-ci varie énormément selon les moments de la journée : minimum pendant le sommeil, pic dans l'agitation du départ matinal, puis montée régulière jusqu'à cinq heures de l'après-midi, légère baisse en fin de journée, pic franc et massif lors d'un rapport sexuel, sur le coup de onze heures du soir…

Plus le stress physique ou psychologique est important, plus la tension s'élève, alors que quand nous dormons, elle bascule à son chiffre le plus bas (sauf peut-être pendant les périodes de rêve). Le simple fait de se lever le matin ranime la pression. Tout le monde aura d'ailleurs remarqué que lorsque l'on est allongé et que l'on se lève brusquement, on a la tête qui tourne. Cette sensation de vertige s'explique aisément : la pression n'a pas augmenté assez vite pour envoyer suffisamment de sang au cerveau.

Que nous soyons hypertendus ou non, cette pression peut d'ailleurs varier sous l'effet de la tension nerveuse, le simple fait de subir la prise de tension pouvant susciter une émotion. Certaines personnes, par exemple, sont impressionnées par le médecin, surtout s'il n'est guère chaleureux et d'autant plus (une expérience l'a montré), s'il est de sexe opposé à celui du patient.

Si l'hypertendu raconte ses malheurs personnels (soucis financiers, divorce…) au moment de la prise de tension, celle-ci peut accuser des pics spectaculaires. D'où l'idée de certains médecins de laisser leurs patients prendre eux-mêmes leur tension le matin, au calme, deux ou trois fois par semaine (on sait que la pression artérielle mesurée au cabinet de consultation est en moyenne plus élevée qu'à domicile). Les appareils, enfin, sont également sujets à des variations qui peuvent atteindre 5 à 10 %. Seul le tensiomètre à main, vissé au mur, est vraiment fiable.

Une expérience a consisté à mesurer en continu (pendant dix minutes) la pression artérielle d'un groupe de sujets normotendus. Surprise : chez 80 % d'entre eux, les variations ont été de dix à trente millimètres de mercure. Si de tels écarts ont été relevés chez des normotendus, que dire des hypertendus !

Quatre types d'hypertendus

Ces sujets sont en effet hyperréactifs à bien des situations de la vie courante et, notamment aux stress, aux émotions, aux chocs des énervements… Des psychiatres ont même mis en évidence des perturbations psychologiques chez les hypertendus, qui se traduisent par une incapacité à digérer les contraintes psychiques ou à extérioriser leur agressivité, leur anxiété, leur manque d'assurance… ne pouvant exprimer toutes leurs émotions, les sujets retourneraient leur agressivité contre eux-mêmes. C'est ainsi que quatre types psychologiques ont été décrits chez les hypertendus (étude réalisée par le Centre de recherche sur l'hypertension en 1980).

• Les « tout va bien » (43 %) : paisibles, équilibrés, heureux de vivre, se maîtrisant bien, peu anxieux et peu émotifs, mais s'adaptant mal aux changements.

• Les hyperactifs, très sensibles et très émotifs (25 %) : souvent en conflit avec leur entourage, de sorte que le bon équilibre de leur vie dépend d'un environnement rassurant et sécurisant.

• Les « dynamiques-adaptés » (15 %) : plus actifs et plus fonceurs que les « tout-va-bien », mais assez irritables et sensibles aux conflits.

• Les dépressifs, déprimés et angoissés qui ne représentent que 10 %.

Quant au traitement de l'hypertension, il passe bien sûr par un rééquilibrage alimentaire (diminution des sucres à absorption rapide, celle du sel étant encore contestée), l'abandon du tabagisme, l'exercice physique (l'entraînement en endurance, trois ou quatre fois par semaine, permet de mieux éponger les stress et conduit à un abaissement de la tension artérielle).

Des équipes anglo-saxonnes ont également développé

des méthodes, dites « comportementales », de maîtrise personnelle de la tension artérielle obtenue par une modification des réponses du système nerveux central aux agressions extérieures. Il s'agit soit d'un auto-contrôle biologique (voir biofeedback), soit de techniques de diminution du tonus sympathique comme celle que réalise le yoga, notamment la fameuse « posture du cadavre » (ou « Savasana ») ou le training autogène de Schultz.

7

Les enrhumés de l'âme

Lutter contre toutes les souffrances

Février 1807, quelque part en Prusse orientale… La bataille d'Eylau fait rage : c'est l'hécatombe dans les rangs français… Depuis trois jours et trois nuits, Dominique Larrey, chirurgien de la Grande armée n'en finit pas d'opérer et d'amputer les blessés les plus graves. Objectif : éviter les gangrènes, bien sûr. Seulement, les opérations se font à vif !… Pour atténuer les douleurs, Larrey n'a que de bien maigres solutions : une éponge imbibée de schnaps et d'opium dans la bouche des blessés. Et il doit faire vite. Très vite !… Lors de cette bataille d'Eylau, Larrey battra d'ailleurs tous les records : vingt-deux secondes, montre en main, pour amputer une jambe, y compris la ligature de l'artère fémorale !…

Jusqu'à cette date en effet, il n'est aucun remède sérieux pour lutter efficacement contre la douleur. Idem pour les petites souffrances quotidiennes : migraines, rages de dents, etc. Les grands de ce monde les acceptent eux aussi avec fatalité. Richelieu et ses hémorroïdes, par exemple. Il en souffrait tellement qu'il se faisait véhiculer sur un brancard ou une litière ! Ou encore Napoléon III, si tourmenté par des calculs rénaux, qu'il bourrait sa culotte de serviettes pour monter à cheval. Lors des cérémonies officielles, il devait se maquiller pour masquer sa douleur !…

En 1844, le premier anesthésiant est mis au point. C'est le fameux protoxyde d'azote, ou gaz hilarant, qui améliore enfin grandement le confort des opérés. Mais il faudra attendre 1981 pour voir la lutte contre la souffrance enfin institutionnalisée en France avec la création des premières cliniques anti-douleur. Leur objectif est d'accueillir tous ceux qui souffrent de douleurs chroniques et rebelles : les rhumatisants, les migraineux, les personnes torturées par des névralgies, des sciatiques lancinantes, des séquelles de zona, ou par la plus redoutée des douleurs, celle associée au cancer…

Soulager, tel est bien sûr le souci numéro un des médecins qui animent ces centres anti-douleur. Pour ces équipes pluridisciplinaires (composées à la fois d'anesthésistes, de neurochirurgiens, d'acupuncteurs, etc.), tous les moyens sont bons pour combattre la souffrance : infiltrations, congélation cutanée, électrostimulation, massages, chiropraxie, pulsations magnétiques et même le café, le chewing-gum et le whisky ! (Mâcher du chewing-gum après une opération des dents peut parfois aider à faire circuler le sang dans une région traumatisée et calmer les douleurs.) Et dans certains cas de migraines, une prise modérée de scotch, d'alcool ou de café est elle aussi souveraine.

Les douleurs des amputés

Les amputés forment également une large part de la clientèle de ces centres anti-douleur : ce sont les accidentés, les mutilés de guerre, les femmes ayant subi l'ablation d'un sein, etc. Ils ressentent tous, à un moment ou à un autre, des douleurs dans le fameux « membre fantôme ». Cette souffrance est l'une des plus terribles et des plus fascinantes qui soient.

Presque immédiatement après l'amputation d'un bras ou d'un sein, les opérés sentent ce « membre fantôme » avec une réalité saisissante, à tel point qu'il leur arrive de tenter d'atteindre des objets avec la main fantôme ou de vouloir sortir du lit en prenant appui sur le sol avec cette jambe inexistante !

« Exact, explique Caroline, une jeune accidentée du travail (elle a perdu la main droite sous la lame d'un massicot). Au moment où je me suis blessée, dit-elle, je souffrais d'un éclat de bois sous un ongle. Et curieusement, je sens encore aujourd'hui cette écharde douloureuse sous l'ongle de la main fantôme ! »

Si la plupart des amputés n'ont que des douleurs périodiques, 10% d'entre eux, en revanche, souffrent de douleurs lancinantes qui, parfois, n'apparaissent que des mois ou des années plus tard. La douleur peut aussi subsister très longtemps après l'intervention. On rencontre ainsi des amputés de la dernière guerre qui continuent de lutter contre la douleur.

Ainsi Pierre-André, soixante-cinq ans, un ancien de la Deuxième DB : « Régulièrement, dit-il, j'éprouve une souffrance semblable à celle provoquée par un couteau pénétrant à l'endroit même de la blessure originelle ! »

Le célèbre amiral Nelson avait fait un constat identique après avoir perdu un bras au combat : « Je peux encore sentir le membre disparu », disait-il. Et d'ajouter avec enthousiasme : « Je vois là la preuve de l'immortalité de l'âme… »

Les mécanismes neurophysiologiques de ces « algohallucinoses » (ou douleurs associées à un membre fantôme) restent encore très mystérieux. On suppose seulement que le cortex n'a pas gommé de la mémoire du blessé la terminaison nerveuse.

Soulager aussi le moral

Si les cliniques anti-douleur atténuent grandement les souffrances physiques, elles s'efforcent aussi d'effacer les souffrances morales. Car la douleur comporte une dimension psychologique évidente… Détresse et anxiété sont en effet le lot des personnes qui doivent ainsi endurer un mal quasi ininterrompu : emmurées dans leur drame, elles finissent par sombrer dans la dépression.

« J'ai connu cet épisode, raconte Christiane, cinquante ans, jadis atteinte de douloureuses coliques néphrétiques. Je m'étais repliée sur moi-même, je tyrannisais mon entourage ; je ne sentais autour de moi qu'une Providence morte, un océan d'indifférence… »

Les psychothérapies de soutien font donc partie des traitements de toutes les cliniques anti-douleur, associées bien sûr à l'arsenal chimique (antidépresseurs, anxiolytiques). Le psychisme intervient à coup sûr dans la perception du phénomène douloureux, l'anxiété augmentant d'ailleurs souvent l'intensité de la souffrance. Plus l'on craint de souffrir, plus l'on souffre !

Dès lors, s'occuper ou s'impliquer dans une tâche motivante permet de soulager quelque peu ses petites migraines ou ses rhumatismes (le désœuvrement, c'est bien connu, accroît la perception de la douleur). Partant de ce principe, les Américains ont ainsi imaginé et commercialisé une multitude de *pain games*, ou jeux contre la douleur ! Il existe même des casse-tête pour les migraineux…

La peur, le stress peuvent aussi rendre la douleur bien pire qu'elle n'est en réalité. Le cerveau enregistre non seulement les sensations douloureuses, mais également tout leur contexte d'angoisse. Ainsi, si un premier accouchement a été vécu comme quelque chose d'atroce, le second risque fort d'être très mal ressenti, même si tout se passe bien, l'appréhension et la crispation s'ajoutant à la douleur. A l'avance, celle-ci est appréhendée comme intolérable. Le manque de décontraction ne fait ensuite qu'aggraver les spasmes.

Inversement, l'espoir et le réconfort moral peuvent réduire les sensations de douleur. Ainsi, pendant la dernière guerre mondiale, on s'est aperçu que les soldats avaient besoin de beaucoup moins de morphine que les civils pour les mêmes opérations. Pour ces soldats, c'était en effet un soulagement, une satisfaction d'être sortis vivants du champ de bataille : la blessure serait sans doute suivie d'un retour au foyer. Pour les civils, en revanche, un bras coupé ou un poumon perforé représentait un véritable désastre.

Une enquête plus récente, menée auprès de soldats israéliens ayant subi des amputations traumatiques après la guerre du Yom Kippur, a fourni des observations identiques. Tous avaient exprimé leur absence de douleur au moment où ils avaient reçu les éclats de bombe ou de grenade. Malgré la perte d'un bras ou d'une jambe, la guerre était pour eux finie, ils s'en sortaient vivants et c'était bien ainsi.

Les maux chroniques

Autre type de souffrances, les douleurs chroniques : migraines, lombalgies, maux de ventre… Leurs liens avec l'anxiété et plus encore avec la dépression sont évidents. Le corps exprime une fois de plus tous les non-dits. « J'ai mal à la tête », par exemple, peut être l'expression somatique de : « J'ai du mal avec mes enfants » ; « Je ne supporte plus mon conjoint, mon travail, etc. »

L'organisme prend ainsi le relais et exprime par la douleur tout ce que l'on refoule (Freud parlait de « douleur hystérique »). Dans ces cas, l'aspirine ou les anti-inflammatoires sont inefficaces. Mieux vaut alors prendre un antidépresseur (de type Anafranil, Tofranil, Marsalid) ou un tranquillisant (Equanil, Valium) qui apporteront une détente nerveuse et psychologique et agiront ainsi au second degré sur la douleur en annulant l'effet d'angoisse.

Nous allons ainsi présenter dans les pages qui suivent quelques types de douleurs qui sont en général la traduction physique de conflits personnels qui n'ont pas trouvé leur solution.

Règles douloureuses : la part du psychisme

« Si les femmes perdaient de l'eau et non du sang, la condition féminine serait plus confortable », estimait le docteur Géraud[1]. Le symbolisme du sang, disait-il, est lourd à porter. Le sang est la vie, mais il est aussi ce liquide dont la perte entraîne la mort. Rêves de sang, rêves de mort. La menstruation n'est pas un épistaxis ; les règles affectent un lieu sexuel qui est aussi un lieu de plaisir. Cette dualité plaisir et sang n'est pas anodine… »

Depuis la nuit des temps, les règles ont fait l'objet de tout un cortège de tabous, de superstitions ou d'interdits. Au Moyen Age par exemple, les mères donnaient une gifle à leur fille lors des premières règles, pour « éloigner le mauvais œil ». Dans certaines tribus africaines, la fameuse « hutte menstruelle » accueille encore les femmes pendant ces périodes. La religion n'a pas manqué non plus de s'en mêler : « La menstruation est un mal, disait Mahomet, tenez-vous à l'écart jusqu'à ce qu'elles redeviennent pures. » Du côté judéo-chrétien, on est tout aussi catégorique : « Quand une femme aura un flux de sang dans sa chair, elle sera dans son impureté pendant sept jours. Quiconque la touchera sera souillé. »

Pline l'Ancien est également très clair sur ce point : « La femme dans cet état porte malheur, disait-il. Elle détruit les moissons, ternit le cuivre, fait tomber les fruits et aigrir le bon vin… » Dans certaines régions de France,

1. *Gynécologie psychosomatique.* Docteur Roger Géraud. Éditions Masson, 1983.

la femme menstruée est encore réputée faire tourner le lait et rater les mayonnaises !

Après une telle farandole de croyances et un conditionnement mené avec tant de constance, il n'est pas étonnant que les règles s'intriquent dans le vécu individuel de toute femme et prennent, pour chacune d'elles, une signification symbolique ou affective particulière. Les facteurs psychiques sont donc souvent déterminants dans les troubles de la menstruation, la dysménorrhée en particulier.

Crampes plus ou moins sévères localisées dans la partie inférieure de l'abdomen et irradiant parfois dans les cuisses et les jambes, douleurs lombaires, malaise général, pâleurs, sueurs..., voilà résumé le syndrome des règles douloureuses (ou dysménorrhée). Il constitue d'ailleurs un sérieux problème gynécologique, puisque 8 % des femmes sont chaque mois obligées de limiter ou d'interrompre leur activité.

Dans un tiers des cas, l'origine de ces maux est organique (infection génitale cachée, salpingite, polype, adhérence, etc.) et leur suppression passe bien sûr par le traitement de l'une ou l'autre de ces affections.

La dysménorrhée se voit aussi fréquemment chez l'adolescente ou la jeune femme n'ayant jamais eu d'enfant. Dans ces cas, la douleur est essentiellement due à des troubles de l'ovulation ou de la régulation hormonale. Parfois cependant, une malformation peut être responsable de ces maux (rétroversion de l'utérus ou rétrécissement de l'orifice du col utérin peuvent faire obstacle au passage du sang menstruel).

Mais très souvent, l'examen gynécologique est normal et aucune lésion des organes génitaux n'est trouvée pour expliquer ces règles douloureuses. Reste alors l'hypothèse psychosomatique. Pour les uns, la dysménorrhée trahirait une vie sexuelle perturbée, frigidité, continence forcée, peur ou honte des relations sexuelles, crainte de la grossesse, insatisfaction conjugale (les femmes orgasmiques, paraît-il, souffriraient moins de troubles menstruels). Pour les autres, elle serait la manifestation d'une inadaptation au milieu familial ou social ; on l'observerait fréquemment chez les femmes infantiles ayant besoin de se plaindre, et volontiers larmoyantes. On la retrouverait enfin chez celles qui ont du mal à accepter leur féminité (femmes viriles, dynamiques, dominatrices, qui se sentent diminuées au moment de leurs règles).

Un facteur apparaît toutefois constant : un état d'anxiété permanent chez ces femmes, ou une tension neurovégétative qui peut être fugace ou tenace. L'utérus aurait alors tendance à se contracter au moment des règles (on sait que les contractions utérines sont douloureuses). Un spasme pourrait aussi survenir, fermant le col utérin par où le sang doit sortir. Le psychisme pourrait enfin agir sur la sécrétion de prostaglandines qui déclenchent des contractions de l'utérus (donc douleurs), des nausées, un malaise général, etc.

Si la composante psychosomatique semble évidente chez une femme souffrant de dysménorrhée, le traitement doit cependant comporter une aide médicamenteuse : contraception orale, antispasmodiques, antalgiques, sédatifs du système nerveux (calcium, magnésium), etc. La relaxation, des tranquillisants, voire une psychothérapie de soutien pour les cas rebelles, peuvent être efficaces.

On remarquera que bon nombre de dysménorrhées cessent après un changement radical dans le mode de vie des patientes : mariage serein, amélioration des rapports conjugaux, venue d'une grossesse désirée…

Migraine : la rançon des intellectuels

Chopin, Tchaïkovsky, Guy de Maupassant... Trois personnalités et un dénominateur commun : c'étaient des migraineux quasi permanents. Nul d'ailleurs que Maupassant n'a si bien écrit sur la migraine, « cet horrible mal qui torture, broie la tête, rend fou, égare les idées et disperse la mémoire ainsi qu'une poussière au vent »...

Huit millions de Français (dont 5 % d'enfants) sont également victimes de cette maladie fort complexe. Ce que l'on sait, c'est que la migraine est dans 66 % des cas familiale (« Un mariage entre deux migraineux peut être lourd de conséquences pour la descendance », disent certains médecins). Elle est deux fois plus fréquente chez les femmes que chez les hommes. Elle disparaît parfois à la ménopause. Et, curieusement, elle paraît plus répandue dans l'est et le sud-ouest de la France que dans le nord et l'ouest.

Cela dit, il existe plusieurs types de maux de tête.

- *La migraine commune :* elle s'annonce souvent, dans les vingt-quatre heures qui précèdent la crise, par des nausées, une fatigue, une boulimie, une somnolence ou au contraire une sorte d'excitation. La plupart du temps, la douleur commence dès le réveil et va en s'accentuant. Elle ne s'estompe qu'au bout de six, huit ou parfois quarante-huit heures.
- *La migraine ophtalmique :* elle débute par des troubles de la vision : éclairs lumineux, taches, trous noirs ou clairs, vision en mosaïque. Ces phénomènes durent peu de temps. Puis vient la douleur, qui touche la moitié du crâne, comme pour la migraine commune.
- *La migraine psychogène :* les facteurs psycho-affectifs sont, eux aussi, déterminants dans la survenue des crises et

la répétition des migraines : une rage réprimée, une colère refoulée, une irritation contenue peuvent ainsi les déclencher. Ces céphalées nerveuses ou psychogènes représenteraient plus de 50 % des maux de tête ; les Anglo-Saxons les appellent « céphalées de tension ». Ce dernier terme a le mérite d'évoquer à la fois la tension nerveuse et la tension musculaire que l'on peut noter : contraction exagérée des muscles de la nuque, du cou, de la région cervicale postérieure. Cette contraction serait presque toujours induite par des facteurs psychologiques comme les émotions, la déception, l'anxiété, la tension en période de surmenage…

Et puis il y a la migraine synonyme de maladie-refuge, malaise-alibi qui permet d'échapper à des situations ou à des conflits pénibles, à des responsabilités. Elle coïncide souvent avec un malaise dépressif ou une angoisse existentielle.

On trouverait aussi davantage de migraineux parmi les intellectuels… Pour conforter cette hypothèse, on peut rappeler que Nietzsche, Gide, Virginia Woolf ou Darwin étaient des migraineux permanents. Explication avancée par les psychanalystes : les céphalées seraient la rançon de leur excès d'intellectualité. Pour d'autres, les travaux intellectuels pourraient susciter des dilatations vasomotrices responsables de maux de tête.

Certains ont enfin tenté de dresser un portrait-robot du migraineux : ce serait un être hyper-émotif, anxieux, contrôlé à l'extrême, un nerveux « rentré », un perfectionniste, un être rigide qui n'aurait pas de soupape pouvant donner libre cours à ses émotions.

Il existe d'ailleurs des psychothérapies, spécifiques aux migraineux, visant à assouplir cette rigidité mentale. Quant aux traitements des céphalées en général, il peut passer par le biofeedback (voir page 242) qui permet de mieux contrôler la vasoconstriction du cerveau, ou la musculation (les muscles frontaux ou ceux de la nuque notamment). Ces traitements se font bien sûr en parallèle avec la pharmacopée habituelle : analgésiques, dérivés de l'ergot de seigle, etc.

Mal de dents et psychisme

C'est bien connu, la bouche est aussi un lieu privilégié pour défouler son anxiété ou ses émotions. Qui n'a jamais mordillé l'intérieur de ses joues ou grincé des dents ? Cette habitude, appelée « bruxisme » ou bruxomanie, est en fait une manière de soulager sa tension nerveuse. Elle entraîne cependant des effets néfastes pour les dents (fêlures, micro-fractures, irritation de la pulpe).

Il existe toutefois des prothèses de protection, portées durant le sommeil, qui préviennent le bruxisme, n'occasionnent aucune gêne et permettent de sauvegarder la denture.

Il n'est pas rare que des frustrations non assumées soient à l'origine de ce tic. Frustrations d'ordre affectif principalement : déceptions sentimentales, déceptions de l'âge mûr, perte d'un être cher, traumatismes de l'enfance, etc.

Le bruxisme peut être aussi une forme d'agressivité rentrée ou retournée contre soi-même (conflit psychique que l'intéressé ne parvient pas à résoudre) ; c'est encore le signe d'une profonde angoisse. Un petit traitement psychothérapique vient généralement à bout de ce trouble nerveux.

Certains problèmes psycho-émotionnels pourraient également générer un mauvais fonctionnement de l'articulation de la mâchoire.

C'est ce que soutient un médecin américain, le docteur Douglas Morgan. Cette articulation est en effet la seule, dans tout le corps humain, qui permette des mouvements dans trois directions à la fois : de haut en bas, de gauche à droite et d'arrière en avant. C'est pourquoi elle est particulièrement fragile. « Or, dans 85 % des cas, affirme le docteur Morgan, sa détérioration est provoquée par des réactions à l'anxiété, notamment quand on serre les mâchoires et que l'on grince des dents.

« Principales victimes : les jeunes filles qui ne trouvent pas à se marier, les femmes en période de ménopause et, surtout, les hommes arrivés qui, vers la quarantaine, commencent à s'inquiéter de l'avenir… La maladie peut alors entraîner des migraines, des vertiges, des bourdonnements d'oreilles, et même jouer un rôle dans le développement de névralgies faciales fort douloureuses. »

A signaler : la faculté de chirurgie dentaire à Paris vient d'ouvrir une consultation « psychosomatique » pour tenter de résoudre tous ces problèmes bucco-psychologiques.

Les mystères de la spasmophilie

Fatigue matinale, angoisse, idées noires, tachycardie, migraines, nervosité, côlon irritable, crises de tétanie, voilà les symptômes les plus répandus de la spasmophilie, une affection qui n'en finit pas de diviser le corps médical : maladie du stress et du mal-être pour les uns, affection métabolique pour les autres ou encore maladie fourre-tout qui permet au médecin de se débarrasser élégamment de patients souffrant de troubles psychosomatiques ou fonctionnels (sans lésions apparentes ou décelables)… Plutôt que de leur dire « Madame, c'est psychique ! »… ou « Monsieur, c'est dans la tête ! », on leur pose un diagnostic immédiat de « spasmophilie » et on leur prescrit force magnésium ou vitamine B6.

Aussi fréquente qu'inexpliquée

Cette affection (dont le nom, d'origine grecque, signifie « ami des spasmes ») frapperait aujourd'hui sept à huit millions de Français, soit 14 % de la population. Curieusement, ce trouble n'est pas encore inscrit au programme de la Faculté de médecine et ses contours restent on ne peut plus flous.

Ce que l'on sait, c'est que la spasmophilie demeure souvent latente et se révèle brusquement à l'occasion d'un choc affectif heureux ou malheureux, d'un surmenage, d'une émotion, d'une allergie, d'un accouchement, d'une intervention chirurgicale (même bénigne), voire d'une extraction dentaire. Le sujet compense son stress en basculant alors dans la spasmophilie.

Un dénominateur commun aux symptômes : ils trouvent presque tous leur origine dans l'hyperexcitabilité neuromusculaire et l'hypersensibilité émotionnelle. Ce trouble frappe dix femmes pour un homme. On pense que les hormones féminines favoriseraient son extériorisation, la physiologie de la femme étant soumise à des cycles, tantôt sous le contrôle de la progestérone, tantôt des œstrogènes (or, toutes les structures du système nerveux qui conditionnent le comportement sont sensibles aux œstrogènes).

On sait enfin que le spasmophile est un individu particulièrement sensible au stress, que l'on peut comparer à un instrument qui vibre trop, au risque de jouer faux.

Des symptômes caractéristiques

Il serait illusoire de dresser une liste exhaustive des signes observés chez les spasmophiles. Il existe toutefois des signes généraux : la fatigue matinale par exemple est présente dans 90 % des cas, même après une bonne nuit. Elle s'estompera au cours de la journée, mais sera ponctuée de « coups de pompe » brutaux d'une ou deux heures, s'accompagnant d'une sensation d'anéantissement total.

Autre constante : l'anxiété. Elle peut être diffuse : boule dans la gorge, appréhension, sensation d'étouffement... Cette angoisse est parfois paralysante, le sujet étant alors dans l'impossibilité de sortir de chez lui, de se mêler à la foule, de prendre le métro ou l'ascenseur.

Les insomnies se retrouvent aussi chez 65 % des spasmophiles. Elles sont caractéristiques : le sujet se réveille vers deux ou trois heures du matin et ne peut se rendormir (ou alors, il ne s'endort qu'à l'aube, vers six ou sept heures).

Autres signes caractéristiques : les accès de tachycardie (palpitations), souvent accompagnés de points thoraciques douloureux qui font penser à l'infarctus. A cela peuvent s'ajouter des difficultés à respirer, de l'oppression que l'on prend souvent à tort pour de l'asthme.

Il existe enfin une myriade de signes locaux : paupières qui sautent ou frétillent (surtout la paupière gauche), crampes dans les jambes, fourmillements dans les mains, les pieds et autour de la bouche, transpirations nocturnes, douleurs crâniennes, tressautements musculaires involontaires, douleurs dorsales et vertébrales, sensation de vertige, de flou visuel, crampes gastriques, colite spasmodique, etc.

Quant à la fameuse crise de tétanie, symbole même de la spasmophilie, elle ne s'observerait que dans 25 % des cas (avec convulsions musculaires, fourmillements, contractures parfois spectaculaires…).

Les tests et les traitements

Pour déceler une spasmophilie, on a habituellement recours à trois tests. Le plus courant est le « signe de Chvosteck », qui consiste à percuter la joue du patient avec un petit marteau à réflexes. Si ce geste entraîne un frémissement de la lèvre supérieure ou si celle-ci se contracte comme un « museau de tanche «, le test est positif.

On peut aussi fixer un garrot sur le bras. Si, au bout de trois ou quatre minutes, les doigts se contractent en main dite « d'accoucheur » : le test est également positif…

Enfin, il existe un examen électrique, l'électromyogramme, qui permet de calculer le degré d'excitabilité des nerfs et des muscles. Des bilans biologiques peuvent être également prescrits pour mesurer les taux de calcium et de magnésium dans le sang.

Quant aux traitements, ils passent habituellement par la prise de vitamines D et B6 associées au magnésium et au calcium. La méthode du « training autogène » (voir ci-dessous), obtiendrait aussi d'excellents résultats : par cette technique de relaxation et de concentration, le spasmophile aurait un meilleur contrôle de ses stress et pourrait ainsi mieux s'en distancier.

En attendant, la spasmophilie reste encore une maladie en quête de son identité : mal-être d'origine psychique trouble du métabolisme ou « forme moderne de l'hystérie ? »

Auto-décontraction contre spasmophilie

C'est au début du siècle qu'un psychiatre originaire de Basse-Saxe, Johannès Schultz, a mis au point sa célèbre technique d'auto-relaxation : le training autogène. Le principe de cette méthode est fondé sur le fait que notre corps « vit » notre pensée. Ainsi, un sujet très anxieux, névrosé, présentera des tensions anormales au niveau du corps. Il réagira par une tension à la fois musculaire et artérielle accrue aux problèmes qu'il ne peut résoudre de manière harmonieuse. L'apprentissage de la relaxation peut lui permettre de se débarrasser de cette tension mentale responsable de désordres psychosomatiques.

Ce training autogène, en faisant appel à l'imagination du sujet, entraîne un mécanisme d'auto-hypnose déterminant une relaxation bienfaisante analogue à celle du sommeil. Cette technique est relativement rapide (trois mois d'entraînement avec des exercices trois fois par jour à domicile).

• *Premier exercice : relaxation musculaire*
Assis dans un fauteuil confortable ou allongé sur le sol, bras étendu le long du corps, le sujet ferme les yeux et se prédispose au calme en utilisant des formules comme : « Le calme est en moi » ou « Je suis complètement calme ». Cette phrase de conditionnement va peu à peu s'insinuer dans l'esprit et la détente va venir lentement. Après cette invitation au calme suit un exercice de pesanteur : « Mon bras droit est tout à fait lourd », se répétera le sujet, « Mes jambes sont lourdes, mon corps est tout à fait lourd »... Au bout de peu de temps, cette sensation de

lourdeur est effectivement ressentie (cette impression s'explique par la décontraction des muscles).

• *Deuxième exercice : relaxation vasculaire*
Le sujet se concentre sur la sensation de chaleur qui s'empare de chacun de ses membres, l'un après l'autre : « Mon bras droit est chaud ; mes deux bras sont chauds ; mes deux jambes… », etc. Au fil des entraînements, cette sensation va devenir de plus en plus forte. Elle répond d'ailleurs à des phénomènes physiques réels puisque la chaleur de la peau augmente en moyenne de un ou deux degrés (il y a en fait dilatation des vaisseaux sanguins).

• *Troisième exercice : régulation cardiaque*
Cette expérience du rythme cardiaque a pour but, non pas de l'accélérer ou de le ralentir, mais de « sentir son cœur battre », tout simplement. La perception de cette sensation cardiaque peut être favorisée, soit en plaçant la main droite sur le cœur, soit en restant quelques secondes en expiration forcée. Le sujet se concentre également sur la formule : « Mon cœur bat calmement mais fermement. »

• Quatrième exercice : *régulation respiratoire*
Elle se fait en respectant son rythme respiratoire naturel et en s'efforçant de « sentir l'air pénétrer en soi ». Le sujet doit se mettre à l'écoute de sa propre respiration : « Je suis toute respiration, il y a quelque chose qui respire en moi, je sens mon thorax qui s'élève et qui s'abaisse comme un bateau sur la mer, ma respiration est tranquille, j'entends ma respiration. »

• *Cinquième exercice : régulation des organes abdominaux*
Le sujet prend conscience de la chaleur abdominale située au creux épigastrique, au niveau du plexus solaire (zone située à mi-chemin entre le nombril et la base du sternum). Il se répète mentalement : « Mon abdomen irradie de la

chaleur. » « Je sens une source de chaleur sur mon plexus solaire. »

• *Sixième exercice : le refroidissement frontal*
Le sujet entretient des impressions de fraîcheur sur le front : « Mon front est agréablement frais. »... Avec un bon entraînement, on arrive ainsi à provoquer une légère vasoconstriction du cerveau. Comme dans l'Antiquité, Schultz était persuadé que la bonne santé était synonyme de « pieds au chaud, de ventre libre et de tête froide ».

Une remarque : ces six exercices nécessitent au minimum quinze jours d'entraînement chacun pour arriver à des résultats tangibles. Avec une bonne expérience, on peut alors mettre au repos les muscles, les vaisseaux, l'appareil cardio-vasculaire, etc., et l'on arrive ainsi à amortir tous les stress, tensions et autres résonances corporelles des émotions. Le training autogène est également utilisé pour le traitement de l'hypertension, des tics, du bégaiement, de l'éjaculation prématurée et de l'ulcère de l'estomac.

8

Traitements et thérapies

Somatiser, parfois un moindre mal

A raconter ses maux,
souvent on les soulage.
Corneille.

« Il y a deux mois, raconte le docteur Louis, je recevais la lettre suivante d'un ami médecin : "Cher confrère et ami, disait cette lettre, voilà les raisons qui m'amènent à vous écrire. Elles m'ont, je dois le dire, profondément troublé. Il y a huit ou dix mois, j'ai reçu en consultation M. Charles-Henri Z., trente-huit ans. Il souffrait d'un ulcère gastrique que nous avons tenté d'anéantir et de calmer par les traitements habituels : cicatrisants, anti-acides, protecteurs de la muqueuse, etc. En vain. Les brûlures d'estomac persistaient. Nous avons dû nous résigner à l'opérer. Cette intervention s'est parfaitement déroulée. Mon patient est parti en maison de repos. Bref, tout allait pour le mieux. Du moins je le croyais. Au retour de cette convalescence, j'ai eu la douloureuse surprise d'apprendre que mon patient s'était suicidé…"

« Dans cette même lettre, poursuit le docteur Louis, mon confrère me confiait son émoi et me demandait d'enquêter sur le passé de ce malade… Prétextant une vague enquête administrative, j'ai rendu visite à la famille du suicidé. Quelle ne fut pas ma surprise d'y découvrir un grand mongolien que ces gens cachaient depuis douze ans, et cela à l'insu du voisinage !

La vision de cet enfant était effrayante : il bavait ; un vague rictus effilait ses lèvres. C'était une vraie bête. Il n'avait pas l'habituelle quiétude des mongoliens. Il vivait prostré dans une sorte de léthargie béate. Pire : il ne marchait pas du tout (il n'était jamais sorti de sa vie) et se momifiait dans un coin de sa chambre.

J'avais désormais la clef de l'énigme et l'explication du suicide de son père. Cet homme n'avait jamais pu assumer moralement la naissance de cet enfant anormal. Ce drame avait alors rejailli sur sa sphère digestive et s'était traduit en ulcère. Cette somatisation lui permettait en quelque sorte de supporter son fils mongolien et de ne pas sombrer dans le désespoir. Le coup de scalpel et l'ablation de l'ulcère équivalaient donc à une désomatisation brutale. L'homme n'avait plus son estomac comme support de son angoisse.

Au retour de sa convalescence, il a retrouvé son enfant trisomique, et le poids de cette douleur inavouable. Certes, il aurait pu faire une autre somatisation : attraper une maladie de peau ou une tachycardie. Malheureusement, son angoisse ne s'est pas fixée sur un autre organe et il a basculé dans une grave dépression qui l'a conduit tout droit au suicide.

Bref, il aurait fallu que l'opération soit au moins suivie d'un soutien psychologique et d'un traitement antidépresseur… »

Malade pour bien vivre

Cet exemple montre que la prise en charge des troubles psychosomatiques doit être extrêmement prudente. Certains sujets ont, en effet, besoin de leur maladie pour « bien vivre » au quotidien : elle est pour eux une forme d'équilibre. Toute guérison devient alors périlleuse : nombreux sont les ulcéreux sombrant dans un état dépressif dès qu'on leur assèche l'estomac…

La maladie leur est précieuse car elle canalise leur angoisse, les libère d'une pression mentale qu'ils pourraient difficilement supporter. Elle protège ainsi leur équilibre psychique.

Aussi faut-il parfois éviter de recourir à des « armes de gros calibre » (médication ou chirurgie traumatisantes) pour tenter de supprimer un symptôme, qui, en disparaissant, risque d'être remplacé par un trouble plus grave. C'est le classique phénomène de « conversion » : la somatisation se déplace. Des vertiges peuvent ainsi succéder à des dartres sur le visage, une angine de poitrine à une colite nerveuse…

Citons l'exemple de Maria, quarante-six ans… Son drame : elle n'arrivait pas à surmonter la tragédie qui s'était abattue sur sa famille, à savoir un accident cérébral qui avait terrassé son mari, le laissant paralysé et plongé dans une existence végétative et crépusculaire. Quelques semaines plus tard, elle se mit à battre inconsidérément des paupières (spasmes des muscles ciliaires) et à souffrir d'un début de glaucome. Les soins de son ophtalmologiste furent parfaitement efficaces. Qu'à cela ne tienne, un asthme bronchique succéda à ses ennuis oculaires… Les difficultés respiratoires disparurent après traitement aux bronchodilatateurs pour laisser la place à de violentes démangeaisons sur tout le corps…

Ne pas « psychologiser » à outrance

A l'image de Maria, des milliers de malades vont ainsi de médecin en médecin sans pouvoir trouver d'autre soulagement que d'échanger une maladie pour une autre. Quête vaine !… Ils cherchent une solution chimique à leurs troubles alors que leur problème est avant tout psychologique.

Le médecin, lui aussi, oublie parfois que la maladie est un langage : elle est une demande, un appel au secours. Souvent, il lui arrive de fuir cette évidence (par manque de temps bien sûr). Bien des maladies ne sont en effet explicables que si l'on tient compte de l'histoire du patient : ses soucis, ses désillusions, ses peines conjugales, la banlieue où il s'ennuie… Cependant, il est tout aussi facile de basculer dans un excès inverse : celui de « psychologiser à outrance », de donner une coloration psychologique à tous les symptômes rencontrés. Bref, le médecin doit s'avancer prudemment sur ce terrain, sous peine de risquer les erreurs les plus préjudiciables au malade.

Comme Bertrand, trente-neuf ans, assailli par des migraines lancinantes, auquel son médecin conseilla de « soigner d'abord ses nerfs ». Et de lui proposer immédiatement des séances de relaxation et une psychothérapie. Grossière erreur. Des examens ultérieurs révélèrent une tumeur cérébrale.

Il en est de même pour Marie-Hélène, cinquante-six ans, qui pendant six mois, tenta d'éliminer des spasmes digestifs, qu'elle mettait sur le compte d'un mal-être psychologique, par des séances de yoga. Il s'agissait en fait d'un cancer de l'œsophage !…

Pour éviter des erreurs gravement dommageables, le patient doit donc être abordé, du moins dans un premier temps, sur le plan physique (auscultations minutieuses, bilan sanguin, radiographies, etc.). Cette exploration étant faite, le médecin pourra alors examiner l'arrière-plan psychique de la maladie : comment vit le patient ? Avec qui ? Quels sont ses désarrois ? Ses peines ?

Voilà la base de tout traitement psychosomatique : envisager la personnalité entière du malade. Il sera inutile de soigner une hypertension artérielle par une médication de choc, si celle-ci est due à un divorce mal vécu. Mais avant de traiter ces conflits et les désordres physiques qui les accompagnent (migraines, furoncles, colites…), il sera peut-être utile de recourir à l'arsenal chimique : calmants et tranquillisants.

Les tranquillisants et leurs pièges

Dans la plupart des maladies psychosomatiques, l'angoisse occupe une place de choix dans le tableau clinique. Et lorsque l'anxiété s'exprime ainsi par le corps (crampes d'estomac, palpitations, douleurs du dos, etc.) il est possible de la supprimer ou de la diminuer à l'aide de médicaments tranquillisants (de type Valium, Tranxène, Temesta). Mais cette solution doit être temporaire et précéder seulement la prise en charge du sujet (car cette camisole chimique ne supprime pas la cause première de la maladie). Elle apporte en revanche au malade un certain « confort » psychologique, un bien-être immédiat.

Ces « pilules du bonheur » ont, il est vrai, de multiples propriétés : elles gomment les inquiétudes et les petites aspérités de la vie, elles calment les tensions émotionnelles excessives, déclenchent le sommeil, relaxent les muscles, etc. Ceci explique leur succès sur le marché florissant de l'anxiété (les tranquillisants représentent aujourd'hui en France un fabuleux marché de cent cinquante milliards de centimes ; soixante-cinq millions de boîtes vendues l'an passé soit soixante-quinze comprimés par an et par adulte). Le Temesta, par exemple, est aujourd'hui le médicament le plus consommé chez nous (il devance de très loin l'aspirine !)

Comment fonctionnent ces tranquillisants ? Tout simplement en mettant l'écorce cérébrale au repos. Ils empêchent ainsi les stress ou émotions d'affoler les circuits électriques du cerveau. Ils suppriment en conséquence les bouffées d'anxiété et les troubles physiques qui s'y rattachent (migraines, oppressions thoraciques, douleurs cervicales...). Le vécu du sujet est ainsi grandement amélioré : le malade vit dans une sorte de cocon protecteur qui le met à l'abri des agressions extérieures.

Cependant les tranquillisants ne doivent être prescrits qu'en complément d'un soutien psychologique et pour une durée bien limitée. Consommées à l'excès, ces « béquilles chimiques » peuvent en effet entraîner accoutumance, confusion mentale, perte de mémoire, voire de redoutables effets contradictoires que l'on appelle « rebonds » : les pilules anti-stress prises pendant longtemps peuvent finir par provoquer des insomnies et une anxiété bien plus intenses que les symptômes contre lesquels on voulait lutter au départ.

Selon le docteur Pradal, « l'usage prolongé des tranquillisants conduit parfois à des changements de la personnalité qui peuvent être plus graves que les désordres auxquels ils s'adressent. Chez de nombreux sujets (...) on voit survenir un désintérêt, une suppression des réactions affectives et une pusillanimité rendant difficile la vie de tous les jours... »

Alors que les psychiatres estiment que, pour être efficace, une cure de tranquillisants ne devrait pas dépasser trois mois, il apparaît qu'un tiers des consommateurs en font quotidiennement usage depuis plus d'un an. Les risques ? Somnolence, diminution des facultés d'éveil, impuissance sexuelle, frigidité, viscosité mentale, perte de mémoire, etc.

Quant à l'arrêt brutal du traitement par les benzodiazépines, il entraîne des troubles comparables à ceux que connaît un alcoolique ou un drogué en état de manque. Ce « syndrome de sevrage » se caractérise par des douleurs dans les membres, des sortes de crampes, des crises de colère ou d'abattement et peut aller jusqu'aux tendances suicidaires. Ajoutez à cela des diarrhées, de l'irritabilité, des insomnies avec cauchemars, etc.

Enfin, certains barbituriques que l'on prend pour dormir font très mauvais ménage avec la pilule contraceptive et risquent de neutraliser les effets de celle-ci.

En cas de prise de tranquillisants précédant la mise en place d'un réel traitement psychosomatique, il faut savoir s'arrêter progressivement en diminuant régulièrement les doses (couper par exemple les comprimés en deux ou quatre et n'en prendre qu'un jour sur deux ou trois). En cas de troubles, il faut, bien sûr, consulter immédiatement son médecin.

Narco-analyse, le sérum de vérité

La narco-analyse est un nom tristement associé à celui de la Gestapo qui l'utilisa, jadis, très largement, pour extorquer des aveux à des individus mis chimiquement dans un état second. Cette variante du « sérum de vérité » doit son existence à la découverte des barbituriques (baptisés ainsi car ils furent mis au point un 4 décembre, fête de sainte Barbe).

Le plus célèbre d'entre eux est le fameux penthotal, un hypnotique à action ultra-courte, qui, pris à dose modérée, fait basculer le patient dans un état de détente tel qu'il se met à parler de manière abondante et sans la moindre angoisse. Bref, c'est un excellent outil d'investigation car il permet une manipulation psychologique du sujet, auquel on peut faire dire (ou faire faire) des choses qu'il ne souhaite pas.

Cette utilisation non médicale de la narco-analyse fit d'ailleurs l'objet de vives polémiques après la Deuxième Guerre mondiale et l'on sait qu'au procès de Nuremberg, Rudolf Hess la refusa. Son refus fut respecté.

Cependant, la narco-analyse n'est pas toujours fiable car la forte personnalité de certains sujets leur permet de garder le contrôle d'eux-mêmes, y compris dans le sommeil.

Quant à l'utilisation de la narcose à des fins thérapeutiques, elle reste toujours d'actualité (surtout pour soigner les personnes bloquées verbalement et atteintes de petites affections psychosomatiques, sexuelles notamment).

Cette « psychanalyse chimique » présente toutefois quelques contre-indications médicales : on ne peut la faire subir à des cardiaques, des femmes enceintes, des insuffisants rénaux ou respiratoires.

Comment se déroule une séance de narco-analyse ?
Le sujet est tout d'abord allongé dans la pénombre et mis en confiance par le thérapeute. On lui injecte dans une veine du bras une substance tranquillisante (penthotal, seconal, Valium ou Tranxène) qui gomme son angoisse, et une substance éveillante (de type amphétamines). Quelques secondes après, le patient tombe dans un état de présomnolence, mais reste capable de communiquer avec le monde extérieur. Les souvenirs remontent alors à la surface (événements et chocs de l'enfance, traumatismes familiaux…), les émotions affluent, les blocages disparaissent. Le sujet n'en finit pas de parler…

Le penthotal supprime la couche de refoulements et laisse apparaître la trame essentielle du subconscient. En ce sens, la narco-analyse est un merveilleux instrument d'investigation qui permet d'accéder aux pensées intimes de l'homme.

Elle fournit ainsi un excellent matériel psychologique au thérapeute pour dépister rapidement les causes réelles d'une maladie psychosomatique. Malheureusement, les affections très profondément établies y sont parfois rebelles.

Les cures : du sommeil au soleil

Notre système nerveux sympathique, nous l'avons dit, préside à l'harmonie de notre organisme. Or, dans certains cas (émotions), ce système s'affole et produit de nombreux désordres. Une *cure de sommeil* peut alors entrer en jeu, car elle coupe l'action nocive du sympathique. Mais ce n'est qu'une solution provisoire. Quant à la *cure de soleil* ou de lumière, elle agit sur la glande pinéale, située dans le cerveau et évacue les états d'angoisse.

La fin des cures de sommeil

Cure de sommeil : un terme rentré depuis longtemps dans le langage courant… Les journaux l'ont, il est vrai, largement popularisé en l'associant aux noms de quelques vedettes surmenées ou déprimées. La cure de sommeil, on le sait, consiste à plonger le patient dans un état très voisin du sommeil normal, au moyen de barbituriques ou d'hypnotiques.

Son objectif est de restaurer les désordres cérébraux par une mise au repos du cortex (écorce du cerveau ou substance grise).

On y recourt quand on a des difficultés, quand on se sent déprimé, quand on a envie de fuir ou de court-circuiter une situation psychiquement insupportable. On élimine ainsi les troubles psychosomatiques qui en découlent. D'excellents résultats sont obtenus dans le traitement de l'ulcère de l'estomac, l'hypertension, l'asthme, certains rhumatismes ou maladies de peau d'origine nerveuse.

Si les Américains pratiquent encore des cures profondes (vingt-quatre heures sur vingt-quatre pendant dix jours), les médecins français préfèrent les cures d'intensité moyenne (vingt heures de sommeil par jour pendant deux semaines). Les somnifères utilisés sont dérivés du Gardénal et leur action est renforcée par des sédatifs du système nerveux (tranquillisants, neuroleptiques). Ces cocktails médicamenteux sont dosés de manière à obtenir un sommeil s'étendant sur une vingtaine d'heures afin de laisser un peu de temps libre pour les repas (légers), la réhydratation (extrêmement importante) et l'hygiène corporelle. Le sommeil procuré est en général profond et la « camisole chimique » amène un état euphorique et de détente qui gomme les angoisses du patient.

L'ennui c'est que dormir, même bien et beaucoup, ne résout rien… Il est agréable d'oublier momentanément ses problèmes mais si, au réveil, on les retrouve intacts, c'est un coup d'épée dans l'eau. C'est pourquoi on préfère maintenant faire appel à d'autres types de traitements : les médicaments sont toujours utilisés pour combattre les symptômes les plus gênants, mais on leur associe des traitements à long terme (psychothérapie, relaxation, etc.) visant à aider les patients à résoudre eux-mêmes leurs difficultés.

Bien qu'elle survive dans certaines cliniques sous le nom de « cure biologique renforcée », il est significatif de constater que la cure de sommeil commence à disparaître des éditions récentes des encyclopédies psychiatriques.

Des cures de lumière pour les déprimés

Sept millions de déprimés, quatre-vingt-quinze millions de boîtes d'anxiolytiques et d'antidépresseurs consommées chaque année en France, voilà résumé le « marché » de la dépression… Sous ce terme de « déprime » se cache toutefois une multitude de situations et l'on peut déjà distinguer deux grandes familles de dépressions : les déprimes psychologiques, déclenchées par un événement extérieur (chômage, deuil, divorce mal vécu, etc.) et les déprimes biologiques, liées le plus souvent à une perturbation de la chimie du cerveau. Les Américains l'appellent « dépression mélancolique » et les Français « dépression maniaco-dépressive » (le sujet peut être soit aigri, soit complètement prostré). C'est une des plus redoutables. Elle peut être héréditaire et frapperait davantage les femmes que les hommes.

Il existe enfin une forme mineure de « déprime biologique » : c'est la fameuse dépression saisonnière qui surgit à la fin de l'automne, s'accentue avec les frimas de l'hiver pour se dissiper en mars-avril, aux premiers rayons du soleil. Ses symptômes ? Tristesse, fatigue, angoisse, idées noires, envie obsédante de dormir, hyperphagie (d'où prise de poids), chute de la libido, troubles de l'adaptation sociale, etc. Là encore, les femmes en sont bien plus souvent victimes que les hommes.

On s'est alors demandé si cette déprime n'était pas liée au manque de luminosité spécifique à l'hiver. On sait en effet que la lumière agit sur notre glande pinéale, située dans le cerveau, qui orchestre directement ou indirectement certaines fonctions hormonales. (Et l'on sait qu'hormones et humeur ne sont pas sans rapport.) Cette glande reçoit la lumière par l'intermédiaire de la rétine sous forme d'impulsions nerveuses qu'elle convertit ensuite en sécrétions hormonales. Prenons un exemple concret : les Esquimaudes des régions arctiques ovulent plus d'une fois par mois durant l'été (lorsque le soleil ne se couche pas). Inversement, pendant la longue nuit hivernale, elles cessent parfois d'être menstruées… La lumière agit donc bien sur nos fonctions internes.

Elle peut également stimuler la production d'une substance baptisée « sérotonine » qui conditionne notre humeur. Les « déprimés de l'hiver » présentent ainsi un déficit en sérotonine. Des médecins lyonnais et strasbourgeois ont donc pensé soumettre ces patients à une sorte de « printemps artificiels», séances d'exposition à une lumière blanche. Le traitement consiste à maintenir une illumination sur les patients pendant un certain temps (de dix à douze heures), qui correspond à l'illumination du mois de juin ; on les réveille le matin à six heures et on les fait regarder des lampes délivrant une lumière blanche d'une intensité de 3 000 lux à une distance d'environ un mètre. Puis on recommence le soir vers cinq heures, lorsque le jour commence à décliner. On constate une nette amélioration en dix ou quinze jours. Il est possible d'installer un tel dispositif à domicile, afin que le patient puisse le mettre en marche en cas de récidive.

Cette méthode, totalement inoffensive, semble constituer un excellent adjuvant au traitement médical antidépresseur. Les résultats sont d'ores et déjà encourageants, mais ce traitement ne concerne bien sûr que les personnes déprimées cycliquement. Cette «luxthérapie» (soins par la lumière) permet en tout cas une réduction de l'angoisse Elle accentue aussi les effets des médicaments antidépresseurs.

La magie du placebo

6 juin 1944, au matin… Dans la légère phosphorescence de l'aube, neuf mille navires et cinq mille péniches voguent vers les côtes normandes… Dans quelques heures, ce sera l'enfer. Mais en attendant, à bord, c'est une assez bonne répétition du purgatoire… Le mal de mer vient en effet de frapper de plein fouet les troupes alliées. Pas question d'aller prendre l'air sur le pont. Les soldats embarqués doivent rester au fond des cales. Tous, ou presque, ont l'œil marécageux et les tripes brassées par la houle. Les estomacs se tortillent, les œsophages se nouent. Bref, c'est la débâcle hépatique. Résultat : selon le War Office britannique, le 6 juin 1944 marquera la plus grande manifestation de vomissement collectif jamais enregistrée dans l'histoire de l'humanité.

Seule exception : la péniche du capitaine Howling. Ayant prévu l'éventualité de malaises sur son navire, ce médecin militaire avait élaboré une petite pilule rose et l'avait distribuée à ses soldats, leur affirmant avec force que cette médication miracle était utilisée avec succès par la marine canadienne pour vaincre le mal de mer. La traversée de la Manche fut sans histoire pour l'équipage. En revanche, elle se termina moins bien pour le capitaine Howling qui savait que sa fameuse pilule n'était que du lactose teint au carmin !… Autrement dit, un placebo.

De la mie de pain pour les nerveux

Le placebo [1], comme chacun sait, est un médicament dénué de tout effet chimique. Et, bien qu'inerte, il est capable d'influencer favorablement l'état de santé par voie de suggestion. Le seul fait de croire, d'avoir foi en celui qui prescrit un traitement, confère au dit traitement une activité certaine, même s'il n'est fait que d'eau limpide ou de sucre pur.

Confiance, croyance, espoir, ces moteurs de l'effet placebo, peuvent donc agir efficacement par le biais d'une simple seringue remplie d'eau salée. Jadis, on prescrivait ainsi aux nerveux les fameuses pilules de « micca panis » (c'est-à-dire de mie de pain) à la place de calmants. Elles avaient les mêmes vertus apaisantes (surtout lorsque le médecin insistait sur la nécessité de ne pas dépasser la dose prescrite !).

Diverses recherches ont même montré que les placebos peuvent modifier la pression artérielle, le rythme des pulsations cardiaques, influencer la digestion, voire affecter indirectement les taux de cholestérol et de triglycérides dans le sang. Ils contribuent aussi à atténuer certains symptômes et parfois même à guérir les petites maladies « fonctionnelles » ou psychosomatiques : ulcère, rhume des foins, vertiges… Une fois sur quatre, ils atténuent aussi les douleurs d'angine de poitrine.

Ça marche !

Même si certains déplorent l'utilisation de ces faux médicaments, leur nécessité est parfois évidente : les maladies dominées par l'élément psychologique, notamment, peuvent être soignées avec succès par les placebos.

---

1. Le mot placebo vient du verbe latin « placere » (placebo : « je plairai »). Son origine est religieuse : *Placebo dominum in regione vivorum* (« Je plairai au Maître dans le royaume des vivants »).

Tel est aussi l'avis de Jean-Paul Escande, professeur de dermatologie à l'hôpital Tarnier à Paris : « Les petits déprimés, dit-il, les anxieux, les colitiques, les palpitants, ceux qui ont une "barre là", ceux que ça chatouille et ceux qui gargouillent, ceux à qui la tête tourne un peu (...), tous ceux-là me laissent pantois (...). Ce que je peux, c'est jouer sur la relation médecin-malade et, en m'aidant de médicaments inoffensifs, attendre, moi aussi, tout de l'effet placebo. Et, quelquefois, victoire ! Ça marche ! Je guéris, là un prurit rebelle, ici une urticaire chronique ou bien des verrues récalcitrantes, parfois un psoriasis invétéré. »

Nombreux sont, il est vrai, les gens qui expriment leur stress ou leur mal-être à travers une maladie de peau[1]. Et quoi de plus logique que de recourir à un placebo pour tenter de guérir ces affections qui trouvent souvent leurs racines dans le psychisme du sujet ? Bref, à maladie psychologique, remède psychologique. En outre, les effets parfois indésirables de l'arsenal chimique sont évités.

Encore que le tour de passe-passe médical que constitue le placebo peut avoir parfois des effets secondaires. Ainsi, en donnant des comprimés de lactose à des sujets anxieux, on s'est aperçu que certains développaient divers troubles : nausées, rougeurs, œdème de Quincke, dermite de type médicamenteux, urticaire (on appelle cela effet « nocebo », du latin « je nuirai »).

Cependant, il apparaît que 30 à 35 % des individus sont sensibles à l'effet placebo. L'efficacité de ces faux médicaments est bien sûr proportionnelle au degré de confiance, de crédulité et d'impressionnabilité du receveur. Ceux qui répondent le mieux à cet effet placebo sont les malades coopérants, dominés par l'affectivité (les émotifs et les anxieux surtout). Ceux qui y répondent le moins bien (les sujets « placebo-résistants ») ont généralement des traits névrotiques (méfiance, rigidité).

L'efficacité de ces leurres varie aussi avec la présenta-

1. Voir chapitre 1.

tion du placebo : l'injection (surtout par voie intraveineuse) se montre plus active que le comprimé. La gélule plus que le suppositoire. Le comprimé coloré plus que l'incolore. L'amer plus que le sans saveur…

Selon la revue *Science Digest* (février 1982), la taille des lettres qui forment le nom d'un médicament est souvent assimilée à la quantité de « principe actif » du médicament. Et si cette taille diminue pour des raisons diverses (modifications de l'emballage), certains patients expriment leur crainte d'une diminution du principe actif par une moins bonne réponse à un médicament jusque-là efficace.

Quel que soit le médicament prescrit, il apparaît aussi que l'on guérit mieux dans certains endroits que dans d'autres : des pansements gastriques, ainsi testés dans divers centres hospitaliers, se sont montrés plus performants dans certains services : cela tient bien sûr à l'environnement médical (disponibilité du personnel soignant, personnalité des médecins, etc.).

Une question de confiance

L'efficacité du placebo varie enfin selon le médecin qui le prescrit. Son attitude, son sérieux, sa notoriété, sa force de persuasion peuvent conférer au remède un poids psychologique très important. N'est-ce pas la raison du succès de certains sorciers ou guérisseurs ?

« Il est amusant de constater que l'effet placebo est pratiquement nul lorsqu'un médecin soigne un membre de sa famille », remarque le docteur Abrezol. En effet, dans cette situation très particulière, le personnage du médecin est presque totalement démythifié et il ne peut donc assumer entièrement son rôle. Au fait, quel est le mécanisme d'action du placebo ? Certains pensent que cet effet « magique » procède de toute une cascade de réactions chimiques complexes se développant dans le cerveau, puis dans les organes et aboutissant à un nouvel équilibre favorable au malade. D'autres estiment que tout médicament possède un impact affectif ou émotionnel pouvant engendrer des modifications biologiques capables d'amener une amélioration ou une guérison.

Quoiqu'il en soit, le placebo ne peut être efficace que si le malade est dupe. Dans le cas contraire, la suspicion naîtrait dans son esprit et tout traitement ultérieur, réel ou fictif, risquerait d'être compromis.

De psy en psys

La psychothérapie de soutien

Quels que soient les pays ou les civilisations, il s'est toujours trouvé des individus, investis d'un pouvoir singulier, susceptibles de guérir par la seule parole. Qu'on les appelle sorciers ou « shaman » (terme qui vient d'une ethnie yakoute en Sibérie), tous ont un dénominateur commun : ils savent que les cures de paroles ont un effet magique et curatif sur un certain nombre de troubles psychosomatiques.

De ce fait, une bonne relation médecin-malade est bien plus efficace que n'importe quelle drogue pour le corps ou l'esprit… La camisole chimique ne remplace pas l'écoute du sujet. Certes, le patient souffre moins dans sa tête mais il n'est pas guéri pour autant. Il lui reste à découvrir et à exprimer son problème et pour cela il faut que quelqu'un l'écoute et lui remonte le moral. C'est le rôle de la psychothérapie de soutien. Elle peut être pratiquée par le généraliste ou le psychiatre qui jouent alors un rôle d'accompagnateur.

Premier objectif : laisser le patient s'exprimer, parler librement… Au bout de quelques séances non directives, il arrive, en général, à prendre conscience de ses conflits bloqués. Le simple énoncé de ses troubles de santé, le fait de trouver quelqu'un pour l'écouter, vont lui apporter un bien-être immédiat. C'est ce que l'on appelle l'« effet placebo » du médecin. Cet apaisement peut déjà améliorer sensiblement son état physique.

Deuxième objectif : montrer au sujet quelles sont les relations existant entre ses symptômes et ses émotions, lui expliquer comment ses désillusions, ses expériences malheureuses, ses déceptions ont déterminé la maladie dont il souffre. Énoncé en termes simples, cela a déjà un effet thérapeutique. La psychothérapie de soutien ne vise jamais à explorer les couches profondes de l'inconscient. Elle n'est qu'une étape destinée à apaiser la tempête superficielle. Seul un traitement psychothérapique s'attaquant au conflit fondamental aura un effet durable.

Les derniers replis de l'inconscient

Pour trouver au fond de soi ce qui vous empêche de vivre (et vous rend malade !) il y a bien sûr la psychanalyse... Cette technique d'investigation permet d'explorer le subconscient dans ses recoins les plus cachés, mais au prix de beaucoup de persévérance. C'est une traversée au long cours (sept ans au moins) pour laquelle on ne s'embarque pas par simple curiosité.

Il s'agit de ramener à la conscience des sentiments que l'on croyait oubliés, d'exhumer des souvenirs bien cachés, de libérer les émotions bloquées au fond de soi, génératrices d'angoisses et de troubles divers.

Beaucoup d'événements de notre vie sont enfouis dans l'inconscient ; ils ont un impact permanent et quotidien sur notre comportement. Parler sans contrainte peut aider à les ramener à la surface et éclairer d'un jour nouveau telle ou telle souffrance corporelle.

Concrètement, le patient est installé sur un divan, allongé de préférence, pour être dans la position du sommeil, celle où l'on dit le plus librement ce qui échappe à la rigueur quotidienne. Le psychanalyste, lui, est un peu à l'écart. Il se contente d'écouter et intervient très peu dans le monologue du patient. C'est le sujet qui fait tout le travail pour comprendre, seul, pourquoi il souffre. Il parle librement de tout ce qui lui vient à l'esprit, exprimant ce qui lui passe par la tête que cela lui paraisse immoral, saugrenu, dérisoire, permis ou interdit…

Au début, c'est parfois incohérent, désordonné (on a même vu certains raconter des histoires auvergnates !). Puis, progressivement, le malade raconte une histoire : la sienne !… Une histoire souvent entrecoupée de temps morts, de longs silences, de périodes de blocages. Mais au fil des mots, au gré des souvenirs, le patient atteint successivement des couches de plus en plus profondes de l'esprit, dégage tout ce qui encombre son subconscient et finit par exhumer les conflits en cause. L'important, ce n'est pas que le souvenir revienne, c'est la manière dont il revient, l'émotion avec laquelle il est revécu. A ce moment le patient retrouve toutes les sensations de la scène initiale qui, elle, fut traumatisante.

Ainsi, l'analyse est un travail d'investigation personnelle. Comme dans un roman policier où l'analysé serait à la fois la victime, le coupable et l'enquêteur. Il découvre peu à peu qu'il est l'auteur du mensonge qu'il se raconte à lui-même, qu'il est l'artisan de ses propres drames intérieurs.

En même temps que se construit le récit, le patient projette toute les figures qui font partie de son histoire sur le psychanalyste : celui-ci devient alors symboliquement le père, la mère, la cousine aimée, le frère mort, l'amant, ou l'ennemi ayant eu un rôle essentiel dans la formation de la petite enfance… Le sujet revit ainsi sa névrose infantile (c'est la névrose de transfert).

Lorsque « quelque chose » passe en mots et devient mémoire, le trouble psychosomatique disparaît alors de lui-même ; les symptômes cessent.

Heureusement, les malades psychosomatiques n'ont pas tous besoin d'une analyse complète. Le plus souvent, la psychothérapie brève suffit à les guérir.

Prendre du recul

Le traitement des maladies psychosomatiques passe bien évidemment par la relaxation. Celle-ci permet en effet d'aborder le patient à travers son corps, c'est-à-dire sur le terrain par lequel il s'exprime. Mais relaxation ne signifie pas uniquement relâchement musculaire. En médecine psychosomatique, le terme a pris un sens beaucoup plus large : elle implique également la détente nerveuse et cérébrale, car notre attitude mentale provoque bien souvent des tensions musculaires. Sans s'en rendre compte, on serre les mâchoires, on fronce les sourcils, on noue ses viscères… Dans les situations de stress, on retient sa respiration. La nervosité, elle, soude nos vertèbres, s'incruste dans notre système musculo-tendineux où elle fait des « nœuds ». Bref, la crispation finit par devenir une seconde nature.

Toute contraction musculaire ou nerveuse est donc souvent provoquée par une pensée ou un état mental particulier. En raisonnant a contrario, on peut donc penser qu'une bonne décontraction peut agir sur notre affectivité. C'est exact : la relaxation agit sur la mise au repos du cerveau ; elle procure une réelle quiétude psychique. Elle fait aussi office de tampon entre les chocs émotionnels extérieurs et les réactions internes de l'organisme. Sur le plan physiologique, elle modère l'hyperstimulation du système sympathique (baisse de la pression artérielle, de la fréquence cardiaque, etc.). Bien relaxé, le patient finit par prendre du recul par rapport à ses problèmes. Certes, la relaxation n'est pas une panacée : elle n'est qu'une étape dans le traitement des maladies psychosomatiques.

Vous trouverez dans les pages suivantes quelques techniques qui permettent de mieux contrôler ses émotions, de trouver un apaisement affectif, de se distancier des stress ou des agressions extérieures, et de se préserver ainsi d'une multitude de troubles ou désordres organiques.

Cerveau position « relax »

Êtes-vous en pleine charge de stress ? Oui. Dans ce cas, essayez les exercices suivants.

• *Le premier d'entre eux* vise à décontracter les muscles du visage les uns après les autres. Les yeux, la nuque, la mâchoire sont en effet des points vulnérables soumis à nos tensions nerveuses. Êtes-vous contrarié ? Vous serrez les dents. Insidieusement, votre nuque se raidit et les muscles de vos paupières se crispent…

Fermez les yeux, imaginez que vous regardez le plafond, puis le plancher, et observez ce qui se passe dans vos yeux. Vous avez une sensation de tension identique à celle que vous ressentiez les yeux ouverts, sensation très subtile qui généralement passe inaperçue. Ensuite, en intercalant des pauses de relaxation des yeux, suivez successivement sans ouvrir les paupières un objet à votre droite, puis à votre gauche, un avion qui décolle, un oiseau qui s'élève dans le ciel…

Les yeux toujours fermés, donnez aux muscles faciaux une expression de repos. Les muscles de la mimique expriment ce que nous ressentons en profondeur : leur relâchement apaise simultanément les tensions psychiques.

Autre petite recette bien connue des yogis : détendez votre langue (oui vous avez bien lu !) et pensez fortement à ce que vous faites. Tous les autres muscles du corps vont se détendre à votre insu…

• *Seconde catégorie d'exercices :* ceux qui vous mettront en état d'indifférence devant les émotions à venir, les personnes agressives, les contrariétés professionnelles. Si vous réagissez de façon excessive aux stress, faites quotidiennement ce qui suit.

Assis, légèrement affaissé sur votre fauteuil, laissez les bras ballants le long du corps, talons au contact du sol et pointes de pieds légèrement écartées. Les yeux fermés, inspirez en comptant jusqu'à 6, retenez votre souffle en comptant jusqu'à 3, expirez en comptant jusqu'à 6, et retenez votre souffle jusqu'à 3 à nouveau. Répétez ce cycle plusieurs fois. *Prenez conscience des contractions* toniques résiduelles présentes en permanence dans toutes les régions du corps (même au repos, nos muscles sont toujours prêts à l'action). Cette raideur est aussi causée par des décharges nerveuses de basse fréquence. Concentrez-vous sur la perception subtile de ces contractions.

Ne crispez pas votre visage. Ses traits doivent rester détendus. Gardez la bouche close sans serrer les lèvres. Décontractez le mieux possible les mâchoires. C'cst là que s'accumule l'agressivité latente qui vous mine inconsciemment. La langue doit rester souple, la pointe appuyée contre la racine des dents supérieures.

Portez votre attention sur chaque partie de votre corps, comme si vous déplaciez un projecteur de bas en haut. « Mes pieds sont lourds, engourdis, détendus ; une sensation de chaleur s'y développe. » Même formule pour les cuisses, l'abdomen… Relaxez ainsi chaque partie du corps en suivant une ligne ascendante (bras, mains, menton…) en répétant intérieurement la même formule : « Mes paupières sont lourdes, les globes oculaires s'enfoncent profondément au fond des orbites… »

Par vagues successives, vous atteignez ainsi la détente complète du corps, puis celle du système nerveux. Des scientifiques américains et japonais ont même constaté que cette série d'exercices induisait un ralentissement des ondes cérébrales et de la fréquence cardiaque. Mieux : le taux d'acide lactique contenu dans le sang s'abaisse, ce qui a pour résultat de défatiguer l'organisme et de favoriser un état de bien-être.

Vitamines anti-déprime

Ce matin-là, Myriam, trente-sept ans, affichait la mine rébarbative des mauvais jours... Elle venait, il est vrai, d'essuyer les reproches de son mari. Objet de la dispute : elle avait grincé des dents toute la nuit, perturbant le sommeil de celui-ci... Myriam le savait. Depuis quelques mois, elle souffrait de bruxisme, de bruxomanie. Elle grinçait des dents de manière inconsciente et cette abrasion involontaire avait même détérioré sa denture. « Allez plutôt voir un psy », lui avait conseillé son dentiste après avoir repéré quelques fêlures et microfractures sur deux ou trois molaires. « C'est un trouble nerveux », avait-il souligné.

Agressivité rentrée ? Conflit psychique non résolu ? Frustration non assumée ? Qu'importe. Myriam n'avait guère envie de se lancer dans une psychothérapie. Quelques mois plus tard, elle se décidait à rencontrer un certain docteur Lesser, un actif partisan de la thérapie par les vitamines qui, lui, soignait le mal-être et les bleus de l'âme avec des minéraux et autres produits polyvitaminés. Myriam n'y croyait pas trop. Pour elle, cette bruxomanie était davantage liée au stress de sa vie professionnelle, aux chocs des énervements, aux contrariétés du bureau...

Des effets largement vérifiés

« Le grincement des dents est le signe d'un stress inconscient », lui dit ce docteur Lesser. Essayez la vitamine B5, c'est la vitamine anti-stress par excellence. Prenez également du calcium. Ce nutriment gomme efficacement les tensions musculaires et les crampes. » (Les puissants muscles des mâchoires sont parmi les premiers à être le siège des tensions provoquées par les contrariétés)... Quatre semaines de traitement suffirent à neutraliser le tic de Myriam

Surprenant ? « Non, répond le docteur Lesser. Il existe une relation évidente entre le mental et ce que nous mangeons. Pour fonctionner correctement, le cerveau a besoin de substances chimiques (fer, phosphore, zinc, vitamines...) qui lui sont fournies par une bonne alimentation. Si le corps est mal nourri ou recèle des substances toxiques, le cerveau réagit alors à sa façon (troubles du comportement, turbulences psychologiques). Un exemple saisissant : une étude réalisée en Suisse a révélé que les délinquants avaient deux fois plus de particules toxiques dans le sang (plomb notamment) que la population témoin.

« La chimie du corps affecte donc notre esprit. Et aussi incroyable que cela puisse paraître, une alimentation saine peut faire la différence entre la dépression et la joie de vivre, entre la santé mentale et la folie. »

Cette idée n'est pas nouvelle. Freud, par exemple, a longtemps cherché une explication chimique aux processus mentaux. Mais ce n'est que dans les années cinquante que l'on a commencé à s'intéresser de près au rôle des vitamines et des minéraux sur l'équilibre psychique. Dès 1949, le docteur Cade, psychiatre, découvre que des mégadoses de lithium calmaient les malades mentaux. En 1952, le docteur Hoffer remarque que la vitamine C, associée à un régime à forte teneur en protéines, améliorait l'état des schizophrènes. Mais c'est au docteur Linus Pauling (prix Nobel pour sa découverte de la vitamine C) que l'on doit la réelle codification de la psychiatrie orthomoléculaire.

Pour faire échec au stress

Voici quelques vitamines qui jouent un rôle essentiel dans notre bon équilibre mental et la prévention des stress.

La vitamine B1 : les déficiences en vitamine B1 se manifestent par de l'apathie, de la confusion mentale, une grande instabilité émotionnelle, de la dépression... Les aliments les plus riches en B1 sont les levures, les céréales complètes, les abats, le porc, le pain complet. Attention, vous risquez de détruire cette vitamine si vous abusez d'alcool, de pain trop blanc (sans son) ou de café (plus de six tasses par jour).

La vitamine B5 : elle nous aide en cas de fatigue provoquée par le stress en raison de ses effets sur les surrénales, les « glandes anti-stress ». La levure de bière sèche en est la source naturelle la plus riche, suivie par le jaune d'œuf, les foies d'animaux, les abats, la cervelle, le cœur de bœuf... Les personnes consommant trop de conserves ou d'aliments raffinés (pain trop blanc par exemple) présentent souvent des carences en B5.

La vitamine B9 : mémoire défaillante, diminution de l'immunité, apathie, irritabilité, ralentissement des processus intellectuels, tels sont les symptômes majeurs d'une alimentation déficitaire en B9 (ou acide folique). Des chercheurs canadiens viennent de faire une découverte capitale : en donnant de la vitamine B9 à des sujets déprimés, ils ont constaté une très nette diminution des « coups de cafard » chez leurs malades. D'autres expériences, réalisées en France, ont confirmé que 70 % des jeunes en état de « déprime » manquaient de cette fameuse vitamine B9 et que leur état s'améliorait très rapidement lorsqu'on leur faisait consommer des aliments riches en acide folique. Cette vitamine a été découverte pour la première fois dans l'épinard et le mot folique vient de *Folium* (en latin, feuille). Laitues, endives, choux sont aussi très riches en B9. Idem pour les haricots secs, les germes de blé. Attention : chez 45 % des alcooliques, le taux de B9 est inférieur à la normale.

La vitamine C : fatigue, lassitude, confusion mentale, dépression... Voilà les inconvénients d'une carence en vitamine C. Prise à raison de 1 à 2 g à la fois, elle agit chez les anxieux comme un tranquillisant. Et grâce à son action sédative, la même dose aide les insomniaques à s'endormir. Où la trouver ? Dans la goyave, le kiwi, le persil, le cresson, le citron, les choux verts. Une remarque : vous pouvez vous fier à votre intuition pour déterminer vos besoins en vitamine C. Après une journée stressante, lorsque vous commencez à avoir une mine renfrognée et à être tendu, prenez de la vitamine C jusqu'à ce que votre sensation de bien-être revienne. Une remarque destinée aux fumeurs : chaque cigarette détruit près de 25 mg de vitamine C. (Un paquet par jour réduit de 30 % sa présence dans le sang.)

Biofeedback : contrôler l'incontrôlable

Qui n'a jamais entendu parler de ces expériences tentées en Inde par les yogis, qui réussissent à contrôler les fonctions les plus vitales de leurs corps, à ralentir leur rythme cardiaque, à maîtriser leur respiration au point de pouvoir rester enfermés dans des caissons hermétiques pendant plusieurs minutes ? Certains mystiques orientaux, après des dizaines d'années d'entraînement, arrivent même à maîtriser certaines fonctions « involontaires ». Par exemple à réchauffer une oreille tout en refroidissant l'autre, à accélérer ou à ralentir le rythme des contractions intestinales, à arrêter un saignement de nez, et cela, par la seule puissance mentale.

Aujourd'hui, point n'est besoin de passer par un gourou ou un maître yogi pour déclencher soi-même ces surprenants phénomènes. Grâce à la découverte du biofeedback dans les années soixante, tout un chacun peut désormais agir sur des processus internes, tels que les impulsions du cerveau, la température de la peau, les contractions gastriques, fonctions autrefois considérées comme échappant au contrôle de la volonté.

Des instruments très précis

Le biofeedback (synonyme de « choc en retour » ou de rétroaction biologique) utilise des appareils électroniques qui nous renseignent instantanément sur des paramètres biologiques habituellement inaccessibles à la conscience.

On met des électrodes sur la peau du sujet. Ces électrodes sont reliées à un instrument électronique complexe, qui fournit des informations soit sur la température de la peau au centième de degré près, soit sur le tonus musculaire, soit sur les ondes cérébrales, tout cela sous forme de signaux sonores ou lumineux. Certains appareils renseignent par exemple sur la résistance de la peau. Cette résistivité cutanée varie en effet selon les émotions ressenties par le sujet. Cet instrument fonctionne selon le même principe que le fameux détecteur de mensonges, qui n'est finalement qu'un détecteur d'émotions.

Citons encore le biofeedback électro-encéphalographique, qui nous renseigne sur la production d'ondes alpha par le cerveau, ondes habituellement émises quand l'individu est en état de repos sur le plan mental.

Émettre les bonnes ondes

Grâce à cette technique, on peut donc apprendre au cerveau à reproduire à volonté ces ondes alpha qui favorisent la détente et la relaxation. Il suffit de mettre le sujet dans une pièce tranquille et de le « récompenser » par un simple signal lumineux chaque fois qu'il aura (au début involontairement) produit le bon type d'ondes. En quelques heures et, sans qu'elle sache exactement comment, la personne peut émettre ces ondes bénéfiques.

Des expériences menées à l'hôpital Sainte-Anne à Paris ont ainsi permis d'obtenir des « alpha » de belle qualité chez des sujets hyperanxieux. D'où l'utilisation désormais courante du biofeedback dans le traitement de l'angoisse, souvent génératrice de troubles psychosomatiques : hypertension, migraines rebelles, problèmes sexuels, colites spasmodiques. Le patient participe ainsi activement à sa propre guérison, sans recourir à une quelconque pharmacopée. Le biofeedback est notamment utilisé avec succès dans le traitement de l'asthme : on sait que la composante psychologique joue un rôle important dans les phénomènes allergiques.

L'originalité du biofeedback est qu'il réconcilie le corps et l'esprit qui l'habite. Il nous montre en effet de manière palpable que l'imagination peut influencer le corps. Cette découverte, en tout cas, n'a pas échappé aux militaires américains, puisque l'U.S. Army entraîne désormais certains soldats à intensifier, grâce au feedback biologique, l'intensité de leurs perceptions visuelles, auditives et olfactives. D'autres recrues apprennent à contrôler leur peur et leurs douleurs en réglant l'activité des fibres de leur moelle épinière !…

Respirez, bâillez… souriez !

Pour mieux éponger les stress, rompre le cycle des tensions quotidiennes, les yogis ont toujours préconisé des thérapies corps/mental : l'auto-contrôle respiratoire, par exemple. En connexion étroite avec le psychisme, une *respiration* contrôlée peut éliminer les dépressions, l'insomnie, etc. Une technique complémentaire, le *bâillement* qui libère le diaphragme. Tout aussi indispensable, le *rire* qui effectue un vrai travail de décharge émotionnelle.

Respiration : son action sur le psychisme

Tous les yogis sont unanimes : nous ne savons plus respirer et nous n'utilisons qu'à peine un tiers de notre capacité thoracique. Or, nos phénomènes vitaux (oxygénation des cellules, fonctionnement du cœur, mouvement de l'estomac et des intestins) dépendent du bon exercice de la fonction respiratoire. Bien respirer c'est déplisser nos 300 millions d'alvéoles pulmonaires et mettre leur 100 m^2 de surface (oui vous avez bien lu !) en contact avec les vaisseaux sanguins qui les irriguent.

En utilisant toute la surface de nos poumons, on renforce alors ses défenses naturelles (le système immunitaire), on accroît sa résistance à la maladie et l'on recule les limites de la vieillesse.

Si le souffle influence l'état physiologique, il a aussi des répercussions sur le psychisme. C'est bien connu, il existe une liaison entre la respiration et les états mentaux et émotifs, par exemple : « avoir le souffle coupé » (sous l'effet d'un stress, le diaphragme se bloque). Le contrôle de sa respiration peut donc être un excellent moyen pour dominer son affectivité. La respiration profonde est en effet considérée comme un régulateur du système nerveux, car elle agit directement sur le plexus solaire situé au creux épigastrique. Ce plexus, également baptisé « cerveau abdominal », réagit directement sur l'émotivité.

Mais lorsque les tensions s'accumulent en nous, notre capacité normale de ventilation ne peut s'exercer : nous nous contractons et nous créons, dès lors, de petites asphyxies volontaires (ajouter à cela la position assise qui bloque le diaphragme).

Pour relâcher ces « nœuds émotifs » et lever ces inhibitions respiratoires il suffit de réapprendre les techniques de respiration contrôlée. Voici un exemple d'exercice :

— inspirez lentement pendant trois secondes ;
— retenez l'air pendant huit secondes ;
— expirez à fond, sans secousse, pendant quatre secondes.

Faites régulièrement cet exercice.

Sympathicothérapie : la santé par le nez

C'est vers 1930 qu'un médecin ORL, le docteur Bonnier, découvrait fortuitement qu'en cautérisant la muqueuse nasale, il guérissait, à son insu, certains de ses malades atteints d'asthme, d'impuissance ou d'entérite chronique, bref, de troubles psychosomatiques qui, jusque-là, avaient résisté à toutes les psychothérapies. Répétant l'expérience de manière systématique, il obtint des résultats surprenants et mit au point une véritable méthode de traitement, baptisée « centrothérapie », et essentiellement fondée sur la cautérisation de certaines régions nasales. Il dressa d'ailleurs la première cartographie des zones du nez, correspondant aux différentes parties du corps (organes et fonctions).

A peu près à la même époque, un médecin espagnol, le

docteur Assuero, élaborait une méthode de traitement des troubles psychosomatiques, l'« Assuerothérapie » qui n'était autre chose qu'une réflexothérapie basée sur l'excitation de la muqueuse du nez. Cette technique, aujourd'hui connue sous le nom de sympathicothérapie endo-nasale, devait connaître à la suite de ces travaux une très grande vogue, notamment dans les années cinquante où un certain docteur Gillet lui donna ses lettres de noblesse en soignant le philosophe Bergson, l'écrivain Pierre Benoît ou Louis II de Monaco.

Tout contrôler par les narines

Il s'agit d'une méthode originale qui s'exerce sur des zones précises (les trois cornets du nez) en vue de rééquilibrer notre système sympathique, région du système nerveux qui orchestre toutes nos émotions (dont la déprime et l'angoisse), et tous les organes et fonctions qui échappent à notre volonté. Si ce système vient à se dérégler, surviennent alors les troubles les plus divers : spasmophilie, crises d'asthme, ennuis digestifs, insomnies, etc.

On peut donc considérer ce système sympathique comme l'ordinateur de notre équilibre. Et le clavier de cet ordinateur peut être justement l'intérieur du nez, où abondent les liaisons et ramifications avec le « sympathique„. A partir de cette muqueuse tapissée de fibres nerveuses, on peut ainsi agir à distance sur l'ensemble de l'organisme.

L'action du thérapeute se fait par touches nasales à l'aide d'une petite tige en forme de spirale, très souple et terminée par une boule d'argent. Le praticien ne pique pas comme en acupuncture, mais stimule certaines zones de la muqueuse du nez. Les stylets peuvent être remplacés par un appareillage électronique (micro-courant de faible intensité, ou émission de photons en lumière cohérente, par sonde en fibre optique).

Une action bénéfique sur l'anxiété

Ces traitements sont pratiquement indolores ; seule peut être ressentie une sensation de démangeaison. Ils peuvent cependant déclencher une réaction congestive des paupières, des sécrétions de larmes, des accès transitoires d'éternuements et une vaso-dilatation (rougeurs du front et des oreilles notamment), toutes ces manifestations étant liées à l'excitation sympathique. Chaque séance dure de quinze à vingt minutes et est répétée trois ou quatre fois à raison de une par semaine. Les indications majeures de la sympathicothérapie sont les troubles neurocaractériels de type psychosomatique (anxiété, asthénie physique ou psychique...), les bourdonnements d'oreilles, la spasmophilie, les « mouches volantes », les coryzas spasmodiques, les bouffées de chaleur, l'hyperémotivité...

Dix bâillements égalent une sieste

Hippocrate, on s'en souvient, se servait de l'éternuement dans les accouchements difficiles et le conseillait également à ses patientes pour favoriser l'arrivée des règles lorsque l'éruption en était difficile !...

Une Parisienne, Noëlle Perez-Christiaens, a décidé d'utiliser le bâillement comme thérapeutique à la fois naturelle, relaxante et vivificatrice. Elle part du constat suivant : les chats bâillent, les oiseaux et les chiens également. Les lions s'étirent après un temps de repos, les vaches aussi. Les chiens éternuent, soupirent. Or, chez l'homme, le bâillement, l'éternuement ou l'étirement ont subi les foudres de l'éducation : on ne bâille pas en public, pas plus qu'on ne s'étire ; c'est très mal élevé alors que ce sont là des phénomènes naturels, instinctifs et surtout très sains.

Qui n'a jamais ressenti le bien-être qui suit un bâillement, ou la détente que procure un soupir ? « Le bâillement,

1. *Le Bâillement*, Éditions Chiron.

ajoute Noëlle Perez-Christiaens[1], est un précieux thérapeute car il élimine toute tension et toute crispation... »

« A longueur de journée nous sommes en effet tassés sur nous-mêmes, à nos bureaux, dans nos voitures, etc. La cage thoracique, entraînée par son poids, vient comprimer le diaphragme et l'oblige à une gymnastique contre nature... de manière à ce que l'on respire tout de même, mais "juste ce qu'il faut pour ne pas mourir" ! »

Il faut donc réapprendre à bâiller profondément, longuement et à plusieurs reprises. Car en bâillant, nous ouvrons le fond de la gorge de telle manière que le nerf phrénique commande au diaphragme de s'ouvrir le plus à fond possible et amène une inspiration profonde qui « ramone » les poumons comme une lame de fond ! Le bâillement est en effet une immense invasion d'air : le souffle cosmique, le Prâna, l'énergie de l'air pénètrent ainsi jusqu'au tréfonds des poumons. Le bâillement est donc un remède en soi, une cure de détente insoupçonnée. La sagesse populaire ne dit-elle pas d'ailleurs que « dix bâillements égalent une sieste »...

La thérapeutique du rire

Au siècle dernier, il existait aux États-Unis un dénommé Colton qui commercialisait de la jubilation instantanée en faisant respirer aux populations du gaz hilarant (ou protoxyde d'azote). Ce gaz, utilisé pour supprimer la douleur chirurgicale, déclenche, on le sait, des tempêtes de rires. Notre Colton vendait son gaz vingt-cinq cents l'inhalation.

Quelques siècles plus tôt, un de nos plus célèbres écrivains, Rabelais (qui était aussi médecin), préconisait le recours au rire et à l'humour pour soulager les souffrances et nous préserver de la maladie. Il inventa même la « gélothérapie » (du grec « gêlos » : rire).

Le rire a en effet sa place en tant que thérapeutique dans

une démarche psychosomatique bien comprise, celle qui prend en compte les répercussions de l'humeur sur le corps.

Aujourd'hui, on connaît d'ailleurs très bien les effets physiologiques et psychologiques du rire : il augmente le calibre des vaisseaux et relâche les muscles lisses des artères (ce qui réduit la tension artérielle). Il gomme les tensions musculaires et les contractures à l'origine de maux de tête, de dorsalgies ou de lombalgies. Il stimule la production de catécholamines qui sont les hormones de l'éveil et de la vigilance. Il libère enfin les fameuses endorphines, substances biochimiques qui participent à notre bon équilibre et à la gestion des stress.

Tous les marathoniens connaissent d'ailleurs ces morphines naturelles sécrétées par le cerveau : c'est le *runner's high,* autrement dit l'extase du « jogger », une sorte d'euphorie qui surgit après une ou deux heures de course (certains parlent même d'« érotisme pulmonaire » !).

Cette idée que le moral (le bon !) peut avoir sa part de responsabilité dans la guérison n'est pas, nous l'avons dit, une notion récente. « Plus le cœur est joyeux, plus longue est la vie », affirmait la Bible. « Car un cœur plein d'allégresse guérit comme une médecine. Un esprit chagrin, lui en revanche, dessèche les os… »

« Le rire est le meilleur désinfectant du foie », disait un peu plus tard un certain Malcom de Chazal. « Par tous les moyens, procurez de la joie aux hommes, ajoutait enfin un célèbre chirurgien du Moyen Age. Et cela afin de distraire leurs esprits de la peur et du chagrin et de tout ce qui les rend soucieux et tendus. Ordonnez-leur chasse, sports, théâtre, plaisanteries et joyeuse compagnie pour tenir l'inquiétude à l'écart de leur esprit, de boire un verre de temps à autre, d'écouter de la musique… et ne tolérez sous aucun prétexte qu'ils s'isolent dans la solitude. Qu'ils fassent les fous de temps à autre n'est pas un mal ; il y a un temps pour toute chose !… »

Index

A
Alcool (et impuissance), 92.
Aménorrhée, 112.
Amygdales, 17.
Angine de poitrine, 183.
Animaux (somatisations), 26 et suiv.
Anorexie, 148.
Aphrodisiaques, 95.
Aphtes, 50.
Asthme infantile, 65 et suiv.

B
Bâillement, 248.
Bégaiement, 82 et suiv.
Biofeedback, 242.
Boulimie, 139.
Bruxisme, 204.

C
Cancer, 5, 18, 117 et suiv.
Carnet alimentaire, 159.
Cheveux blancs, 8.
Colite, 5, 19, 167.
Constipation, 176.
Couperose, 48.
Cure de lumière, 224.
Cure de sommeil, 223.

D
Dartres, 5, 49.
Démangeaisons, 6, 34.
Dermite séborrhéique, 49.
Diabète, 92.
Douleurs (des amputés), 194.
Douleur (centres anti-), 194.
Dysménorrhées, 199.

E
Eczéma de l'enfant, 34, 71, et suiv.
Éjaculation prématurée, 97.
Éjaculation retardée, 101.
Énurésie, 78 et suiv.

F
Fausse-couche, 102.
Fausses douleurs cardiaques, 183.
Foie, 174.

G
Glaucome, 13.
Grossesse nerveuse, 102.

H
Herpès, 33, 45 et suiv.
Hypertension, 185 et suiv.

I
Impuissance, 47, 92, 93.
Infarctus, 180, 184.

L
Libido, 89, 93.

M
Maux de dents, 204.
Migraine, 5, 202.

N
Narco-analyse, 221.

O
Obésité, 157.
Œsophage, 183.

P
Photophobie, 13.
Placebo, 227.
Profil psychologique
des cancéreux, 125.
des coronariens, 178.
des hypertendus, 189.
Prurit, 31, 34.
Psoriasis, 33, 36 et suiv.
Psychanalyse, 233.
Psychothérapie de soutien, 196, 232.
Psycho-neuro-immunologie, 25.

R
Rate, 17.
Règles douloureuses, 112.
Relaxation, 44, 49, 68, 85, 209, 235.
Respiration, 245.
Retard de croissance, 22, 75 et suiv.
Rhino-pharyngite, 17, 62.
Rhumatismes, 6.
Rire, 249.

S
Simonton (méthode), 127.
Spasme du sanglot, 69.
Spasmophilie, 206.
Stérilité psychogène, 13, 105.
Stigmates, 52 et suiv.
Sympathicothérapie, 246.
Syndrome de Don-Juan, 101.

T
Tabac, 91.
Thymus, 16.
Tics, 84.
Training autogène, 44, 209.
Tranquillisants, 219.
Transpiration, 48.

U
Ulcère gastrique, 13.
Urticaire, 32.

V
Verrues, 41 et suiv.
Verrues rebelles de l'enfant, 43.
Visualisation, 133.
Vitamines anti-déprime, 238.

Table des matières

DES MAUX POUR LE DIRE 5

1. PSYCHOSOMATIQUE ET DERMATOLOGIE 29
Les clignotants de la détresse 31
Les mystères du psoriasis 36
Verrues et suggestion 41
Un herpès shakespearien 45
Transpiration, couperose et aphtes 48
Le complexe du lépreux 51
Les stigmates des saints 52

2. PSYCHOSOMATIQUE ET PÉDIATRIE 57
Enfants à problèmes et parents psychotoxiques 59
L'enfant asthmatique et la « mère-oxygène » 65
Le spasme du sanglot 69
Eczéma : les frustrés de la caresse 71
Les retards de croissance par carence affective 75
Pipi au lit : une tempête intérieure 78
Le bégaiement 82
Les tics 84

3. PSYCHOSOMATIQUE ET SEXUALITÉ 87
Les court-circuités de la libido 89
L'impuissance psychologique 93
Éjaculation prématurée 97
Les grossesses nerveuses 102
Les stérilités psychogènes 105
Les aménorrhées psychogènes 112

4. PSYCHOSOMATIQUE ET CANCER 115
Du désespoir au cancer 117
Optimisme et auto-guérison 127

5. LES DÉTRAQUÉS DE L'APPÉTIT 137
Boulimie : les délinquants de l'alimentation 139
Anorexie mentale : l'orgasme de la faim 148
L'aliment : une drogue déconnectante 155

6. BLEUS DE L'ÂME, MAUX DE VENTRE
ET CŒUR BRISÉ 161
La grande rébellion du ventre 163
Colite : une crise de larmes intestinale 167
Quand l'estomac voit rouge 170
Mon foie, connais pas ! 174
Constipation : l'avarice intestinale 176
Le cœur gros 178
Hypertension, « the silent killer » 185

7. LES ENRHUMÉS DE L'ÂME 191
Lutter contre toutes les souffrances 193
Règles douloureuses : la part du psychisme 199
Migraine : la rançon des intellectuels 202
Mal de dents et psychisme 204
Les mystères de la spasmophilie 206

8. TRAITEMENTS ET THÉRAPIES 213
Somatiser, parfois un moindre mal 215
Les tranquillisants et leurs pièges 219
Les cures : du sommeil au soleil 223
La magie du placebo 227
De psy en psys 232
Prendre du recul 235
Vitamines anti-déprime 238
Biofeedback : contrôler l'incontrôlable 242
Respirez, bâillez… souriez ! 245

INDEX 251

IMP. BUSSIÈRE, SAINT-AMAND (CHER). — N° 2141.
D. L. NOVEMBRE 1997/0099/400
ISBN 2-501-02953-4
Imprimé en France

2795

MARABOUT